FÁBIA CARLA ROSSONI

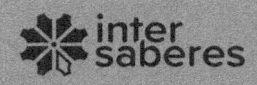

inter
saberes

SÉRIE INTERCÂMBIOS LINGUÍSTICOS

*Bilinguismo
e educação
bilíngue*

inter saberes

Rua Clara Vendramin, 58 • Mossunguê • CEP 81200-170 • Curitiba • PR • Brasil
Fone: (41) 2106-4170 • www.intersaberes.com • editora@intersaberes.com

Dr. Alexandre Coutinho Pagliarini; Drª. Elena Godoy; Dr. Neri dos Santos; Mª. Maria Lúcia Prado Sabatella • conselho editorial

Lindsay Azambuja • editora-chefe

Ariadne Nunes Wenger • gerente editorial

Daniela Viroli Pereira Pinto • assistente editorial

Paladina da Palavra • prepaparação de originais

Caroline Rabelo Gomes; Millefoglie Serviços de Edição • edição de texto

Luana Machado Amaro • design de capa

ivosar/Shutterstock • imagens de capa

Raphael Bernadelli • projeto gráfico

Cassiano Darela • diagramação

Luana Machado Amaro • designer responsável

Regina Claudia Cruz Prestes • iconografia

Dados Internacionais de Catalogação na Publicação (CIP)
(Câmara Brasileira do Livro, SP, Brasil)

Rossoni, Fábia Carla
  Bilinguismo e educação bilíngue / Fábia Carla Rossoni. -- Curitiba : Editora Intersaberes, 2023. -- (Série Intercâmbios Linguísticos)

  Bibliografia.
  ISBN 978-65-5517-041-2

  1. Bilinguismo 2. Educação bilíngue 3. Língua e linguagem I. Título. II. Série.

22-140580   CDD-370.1175

Índices para catálogo sistemático:
1. Educação bilíngue 370.1175
Cibele Maria Dias - Bibliotecária - CRB-8/9427

1ª edição, 2023.

Foi feito o depósito legal.

Informamos que é de inteira responsabilidade da autora a emissão de conceitos.

Nenhuma parte desta publicação poderá ser reproduzida por qualquer meio ou forma sem a prévia autorização da Editora InterSaberes.

A violação dos direitos autorais é crime estabelecido na Lei n. 9.610/1998 e punido pelo art. 184 do Código Penal.

sumário

apresentação, ix

como aproveitar ao máximo este livro, xii

      um Bilinguismo: definições e dimensões, 17
    dois O cérebro bilíngue, 41
    três Bilinguismo e aquisição-aprendizagem de língua estrangeira, 69
 quatro Educação bilíngue, 123
  cinco O professor e a escola bilíngue, 167
    seis Futuro da educação bilíngue, 205

considerações finais, 233

lista de siglas, 235

referências, 237

bibliografia comentada, 253

respostas, 257

sobre a autora, 259

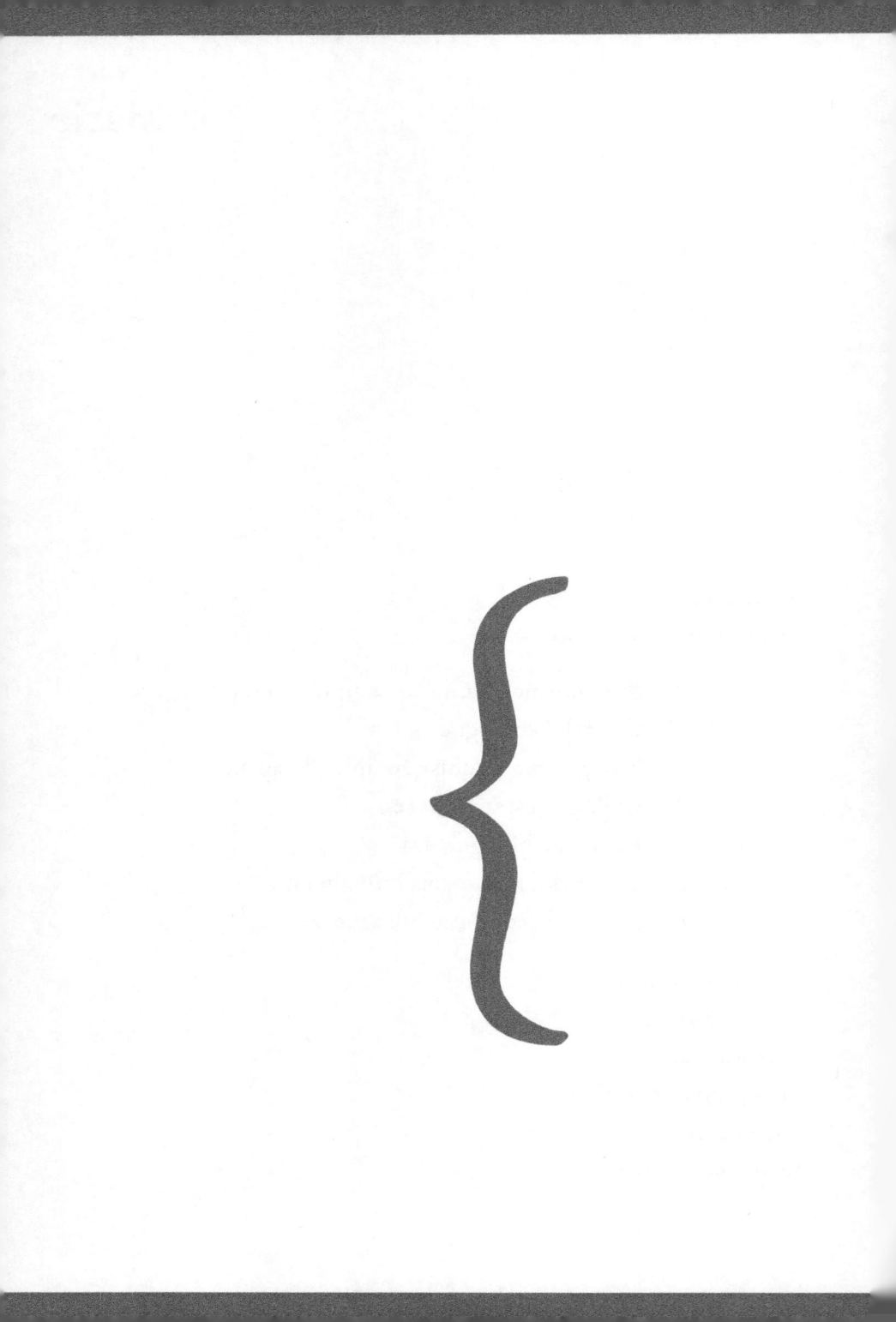

{

A meus pais, por reconhecerem a importância do bilinguismo infantil quando ainda não era algo comum.

{

apresentação

❰ DO YOU SPEAK *English? Hablas español? Sprechen Sie Deutsch?* Se você entendeu e respondeu a alguma dessas perguntas com *Yes, Sí* ou *Ja,* talvez você seja ou deseje se tornar um falante bilíngue.

Mas antes de tratarmos especificamente do bilinguismo, você sabe quantas e quais são as línguas oficiais do Brasil? Se você respondeu apenas a língua portuguesa, saiba que está enganado. Além do português brasileiro, o Brasil tem outra língua oficial: a Língua Brasileira de Sinais (Libras). Portanto, nosso país é oficialmente bilíngue.

No entanto, além dessas línguas oficiais e mesmo das variantes linguísticas de diferentes regiões do país, existem diversas línguas usadas pelos povos originários. Antes mesmo da chegada dos portugueses, estima-se que o número de línguas nativas faladas por diversas etnias chegava a mil. Atualmente, elas somam apenas 150 (Storto, 2019).

Nosso país recebeu milhares de imigrantes, que somaram suas línguas com as já faladas aqui; o português do colonizador, as línguas indígenas dos nativos e as línguas africanas dos povos escravizados mesclaram-se às línguas italiana, alemã, polonesa, japonesa, entre outras. Em razão dessa formação multicultural, o Brasil é plurilíngue, o que torna comum a coexistência de várias línguas em nossa sociedade.

Para verificar essa herança multilíngue brasileira, basta pensar na distribuição da população em território nacional: comunidades indígenas e quilombolas presentes em quase todo o território, principalmente nas regiões Norte e Centro-Oeste; comunidades de descendentes de imigrantes (alemãs, italianas, japonesas, polonesas, ucranianas etc.) nas regiões Sul e Sudeste; comunidades de brasileiros em regiões de fronteira, em sua grande maioria, com países hispano-falantes; além, é claro, das comunidades de surdos (Cavalcanti, 1999).

Nas próximas páginas, versaremos sobre bilinguismo e educação bilíngue, tratando de características, benefícios, mitos, aquisição – aprendizado de língua estrangeira –, metodologias e demais questões relacionadas aos temas centrais aqui abordados.

Para essa abordagem, dividimos este livro em duas partes, cada uma com três capítulos. A primeira apresenta tópicos relacionados ao bilinguismo, e a segunda fala sobre educação bilíngue.

No Capítulo 1, introduzimos o significado de bilinguismo e citamos características do falante bilíngue, além de abordarmos alguns mitos sobre o tema.

No Capítulo 2, esclarecemos como o bilinguismo se processa no cérebro, quais as vantagens e as diferenças de bilíngues e monolíngues e as etapas para sua evolução linguística.

No Capítulo 3, apresentamos as principais teorias de aquisição de segunda língua (ASL) voltadas ao sujeito bilíngue, as influências, as interferências e as transferências entre línguas, bem como o ambiente linguístico e a necessidade de interação e negociação de sentido.

No Capítulo 4, iniciamos nossa discussão sobre educação bilíngue, comentando algumas definições e particularidades e traçando seu panorama no Brasil.

No Capítulo 5, abordamos a formação do professor de ensino bilíngue, algumas características da metodologia e do currículo da escola bilingue, como Content and Language Integrated Learning (CLIL), Content-Based Instruction (CBI) e metodologias ativas.

No Capítulo 6, encerramos este escrito levantando questões sobre o futuro da educação bilíngue, com o propósito de convidar a todos os leitores a refletirem sobre as características, mudanças e possibilidades da área.

como aproveitar ao máximo este livro

Empregamos nesta obra recursos que visam enriquecer seu aprendizado, facilitar a compreensão dos conteúdos e tornar a leitura mais dinâmica. Conheça a seguir cada uma dessas ferramentas e saiba como elas estão distribuídas no decorrer deste livro para bem aproveitá-las.

Exemplificando
Disponibilizamos, nesta seção, exemplos para ilustrar conceitos e operações descritos ao longo do capítulo a fim de demonstrar como as noções de análise podem ser aplicadas.

Importante!
Algumas das informações centrais para a compreensão da obra aparecem nesta seção. Aproveite para refletir sobre os conteúdos apresentados.

Preste atenção!
Apresentamos informações complementares a respeito do assunto que está sendo tratado.

Para saber mais
Sugerimos a leitura de diferentes conteúdos digitais e impressos para que você aprofunde sua aprendizagem e siga buscando conhecimento.

Curiosidade
Nestes boxes, apresentamos informações complementares e interessantes relacionadas aos assuntos expostos no capítulo.

Síntese
Ao final de cada capítulo, relacionamos as principais informações nele abordadas a fim de que você avalie as conclusões a que chegou, confirmando-as ou redefinindo-as.

Atividades de autoavaliação
Apresentamos estas questões objetivas para que você verifique o grau de assimilação dos conceitos examinados, motivando-se a progredir em seus estudos.

Atividades de aprendizagem
Aqui apresentamos questões que aproximam conhecimentos teóricos e práticos a fim de que você analise criticamente determinado assunto.

bibliografia comentada

BAKER, C. Foundations of Bilingual Education and Bilingualism. New York: Multilingual Matters, 2001.

Considerada uma das obras fundamentais do bilinguismo e da educação bilíngue, aborda, em 20 capítulos, ampla gama de assuntos importantes para construir conhecimento basilar consistente sobre esses temas.

BIALYSTOK, E. Bilingualism in Development: Language, Literacy, & Cognition. Cambridge: Cambridge University Press, 2001.

Elen Bialystok, da Universidade de York, é uma das mais prolíferas pesquisadoras das áreas de psicolinguística e neurolinguística. Suas obras são fundamentais para entender como funciona a cognição e a mente de falantes bilíngues. Nessa obra, ela descreve a pesquisa realizada sobre o desenvolvimento intelectual de crianças bilíngues, mostrando como ela se difere do de crianças monolíngues.

}

Bibliografia comentada
Nesta seção, comentamos algumas obras de referência para o estudo dos temas examinados ao longo do livro.

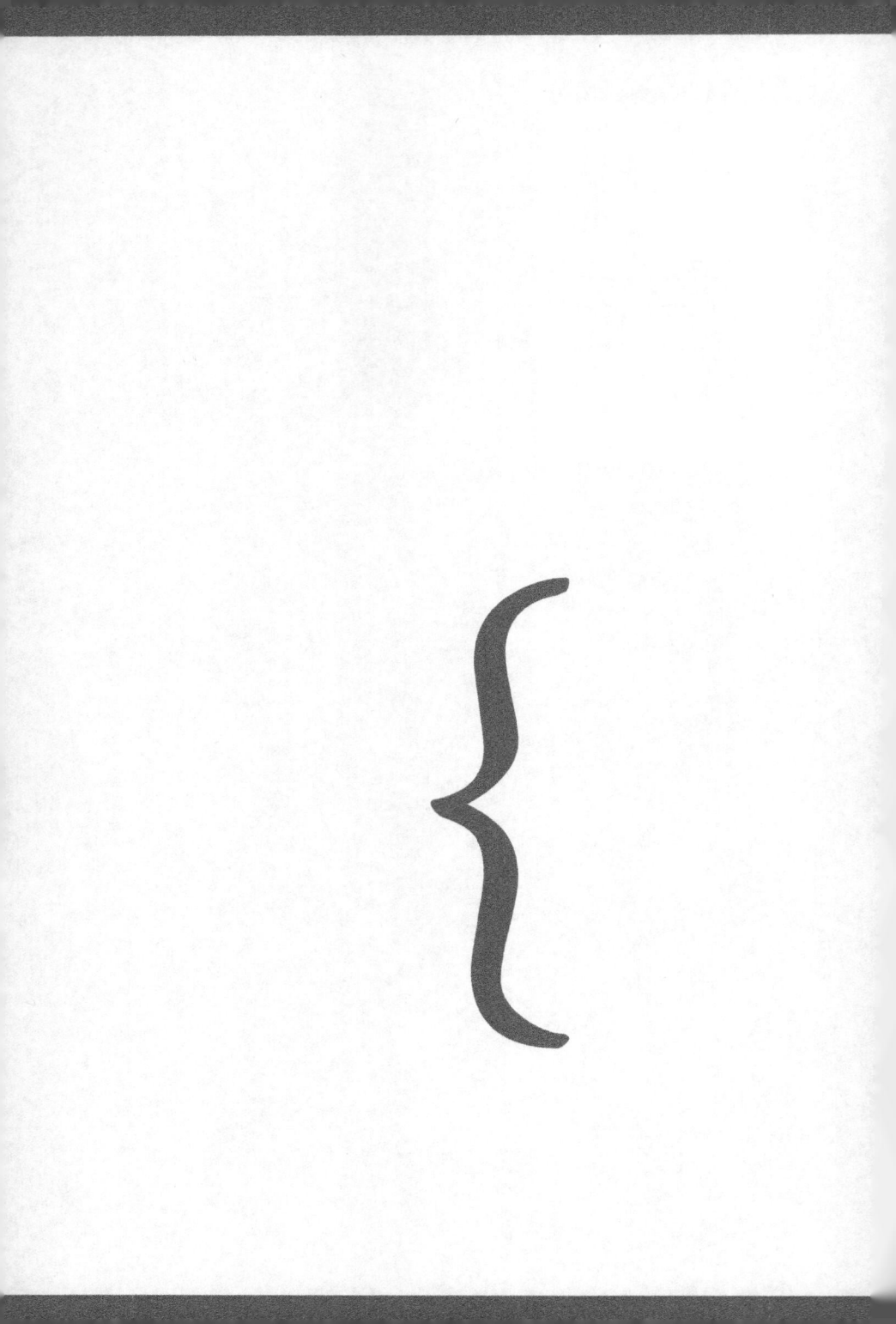

{

# um	Bilinguismo: definições e dimensões
dois	O cérebro bilíngue
três	Bilinguismo e aquisição-aprendizagem de língua estrangeira
quatro	Educação bilíngue
cinco	O professor e a escola bilíngue
seis	Futuro da educação bilíngue

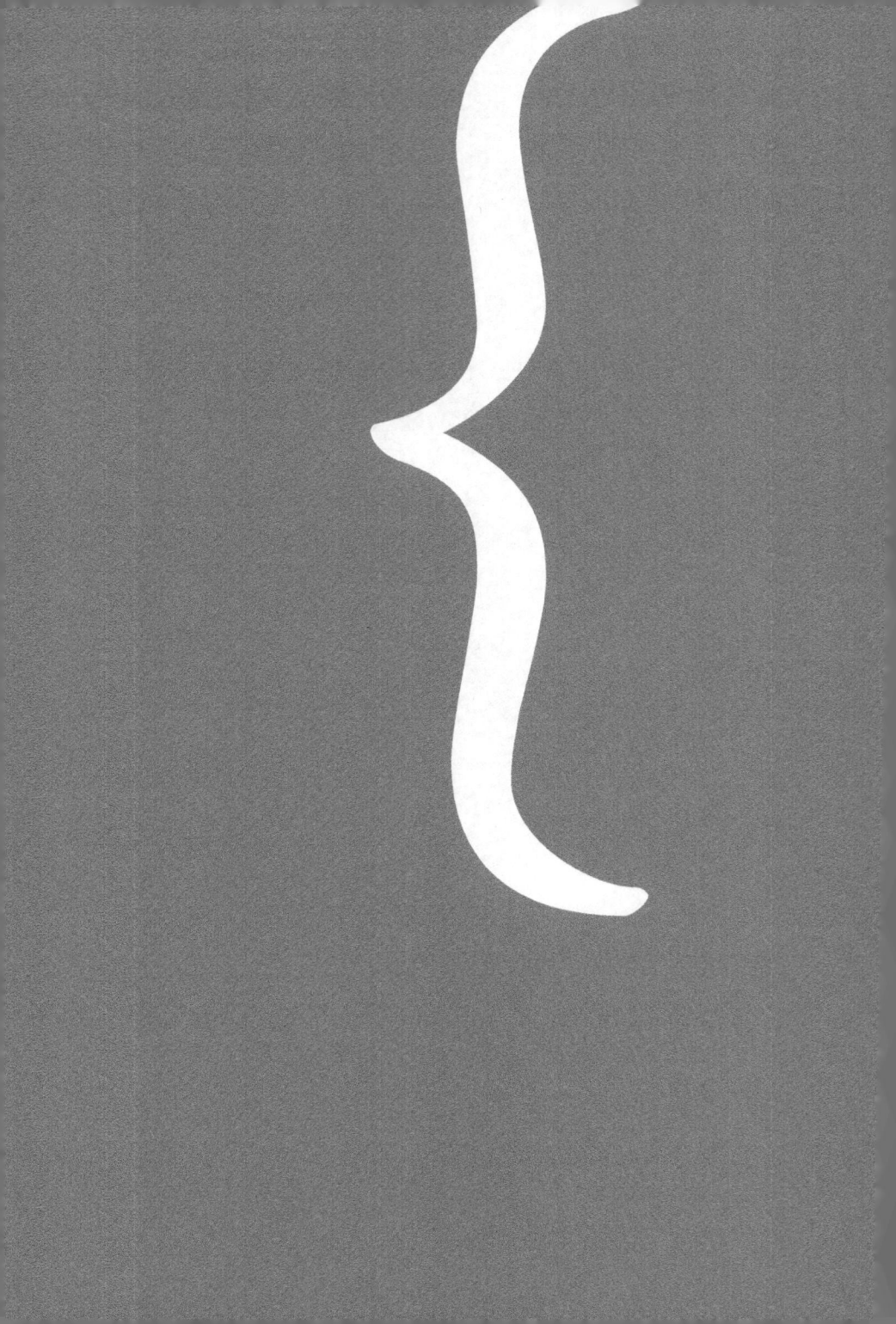

{

❡ ANTES DE DISCORRERMOS sobre o bilinguismo e a educação bilíngue, convém clarificarmos alguns conceitos importantes, como língua e linguística. Em seguida, temos de explicar o que é bilinguismo e em quais tipos ele se manifesta. Apresentaremos também outros conceitos relevantes na área, como multi e plurilinguismo. Finalizaremos o capítulo desmistificando algumas crenças relacionadas ao bilinguismo e aos falantes bilíngues.

umpontoum
Língua e linguística

Ao iniciarmos este debate sobre bilinguismo e educação bilíngue, fazemos a você, leitor, o convite de se despir de muitas crenças, algumas enraizadas há anos; especialmente, as relacionadas a duas ciências nas quais todas as teorias e as hipóteses deste livro estão fundamentadas: (1) a linguística e, particularmente, (2) a linguística aplicada (LA).

A **linguística** é a ciência que se ocupa do estudo da língua e da linguagem. Como disciplina, surgiu com os estudos do linguista suíço Ferdinand de Saussure (1857-1913), no início do século XX, com a publicação de *Curso de linguística geral*, em 1916. Segundo a definição proposta pelo estudioso, a linguística é a "ciência que se dedica ao estudo de todas as manifestações da linguagem humana" (Saussure, 2012, p. 17).

Anos mais tarde, na década de 1940, desenvolveu-se a **LA**, área dedicada ao estudo do ensino, aprendizagem e aquisição de língua estrangeira e segunda língua. Schmitt e Rodgers (2020, p. 1, tradução nossa) a definem como "o uso do que sabemos sobre língua, como é aprendida e como é usada para se atingir objetivos ou solucionar problemas no mundo real".

Para Li (2018), o interesse principal da LA são as políticas e as práticas relacionadas ao idioma e à resolução de problemas do mundo real em que a língua é uma questão central. Há cerca de 28 áreas estudadas pela LA, mas o campo mais fértil é aquele que investiga as teorias sobre ensino e aprendizagem de língua, pedagogia de segunda língua ou língua estrangeira e interfaces entre as duas. Para a LA, vida social e língua são indissociáveis.

Já mencionamos que a língua é o objeto de estudo da linguística e da LA, mas precisamos defini-la, o que não é tarefa fácil. Para o pai da linguística, Ferdinand de Saussure (2012, p. 17), **língua** é "um sistema supraindividual utilizado como meio de comunicação entre os membros de uma comunidade". Para Araújo e Leffa (2016), é um instrumento usado para interagir com o outro, um fato/fenômeno que existe no cérebro de cada indivíduo e depende das interações sociais para ser ativada e permitir interação. Janson (2015) a entende como um sistema de comunicação usado por pessoas entre si; e, quando esses sistemas são muito diferentes em sons, vocabulário e gramática, as línguas são diferentes.

Nos estudos das diversas línguas, é comum o uso de termos como *língua materna*, *primeira língua*, *segunda língua* e *língua estrangeira*. E qual é a diferença entre eles? **Língua materna** (LM) ou **primeira língua** (L1) é, normalmente, aquela aprendida de maneira natural, em casa e na comunidade, como é o caso do português para a maioria dos brasileiros. Para Skutnabb-Kangas (1995), a LM se apresenta de diversas formas e pode ser classificada de acordo com sua origem, competência, função e identificação.

Com relação à **origem**, a LM pode ser aquela que o indivíduo aprendeu primeiro; no que diz respeito à **competência**, pode ser aquela na qual o indivíduo é mais proficiente; pode ser a que o indivíduo usa com mais frequência, dada sua **função**; e por último, é classificada conforme sua **identificação**, podendo ser interna, a língua com a qual o indivíduo tem mais identificação; e externa, aquela pela qual o indivíduo é identificado como falante nativo.

No entanto, a língua falada em casa pode não ser a mesma da comunidade e, ao aprender as duas, o falante passa a ter mais de uma L1. Um exemplo é a situação em que a criança fala uma língua em casa e outra na escola, o que a torna bilíngue.

> ## Exemplificando
>
> Imagine um casal brasileiro que vive nos Estados Unidos. O filho do casal poderá falar português com os pais em casa e inglês na comunidade, na escola e com os amigos. Se essa criança futuramente estudar espanhol e se mudar para um país onde esse idioma é falado, ele será considerado sua **segunda língua** (L2), ou seja, "outra que não a primeira" (Spinassé, 2006, p. 6), podendo ser usada de maneira frequente, por necessidade de comunicação e em um processo de socialização.

A **língua estrangeira** (LE), por sua vez, é aquela com a qual não há um contato muito frequente ou intenso no processo de aprendizagem. Nesse caso, ela não serve necessariamente para comunicação e integração com uma comunidade de fala, ao passo que a L2 desenvolve importante papel na sociedade.

> ## Importante!
>
> Em razão dos perfis diferentes de leitores e de diversas realidades bilíngues, neste livro, os termos *segunda língua (L2)* e *língua estrangeira (LE)* serão usados como sinônimos.

Há, também, a **língua franca**, aquela usada por falantes cuja L1 pode ser a de um dos interlocutores ou a L2 de ambos. Um exemplo é a língua inglesa, que vem sendo usada como tal desde o final da Segunda Guerra, tornando-se a língua de contato entre vários grupos e comunidades. O conjunto de falantes de inglês como língua franca, ou English as a lingua franca (ELF), já é considerado o maior grupo de falantes de tal idioma no mundo, sendo formado por falantes bi, multi e plurilíngues (Canagarajah, 2006; 2007; Jenkins, 2006; Myers-Scotton, 2006).

O Conselho da Europa* (Council of Europe – COE) descreve quatro domínios nos quais os indivíduos podem usar seu repertório linguístico ao longo da vida: (1) pessoal, (2) público, (3) ocupacional e (4) educacional.

O **domínio pessoal** é aquele em que o falante faz uso da língua com a família e os amigos e durante o envolvimento em práticas sociais mais íntimas e informais; no **domínio público**, a língua é comungada pelos membros da comunidade e é usada em transações de vários tipos para diferentes fins; o **domínio ocupacional** é aquele no qual a língua é usada no trabalho; ao passo que, no **domínio educacional**, ela é usada durante a aprendizagem, principalmente em instituições educacionais (Conselho da Europa, citado por Schmitt; Rodgers, 2020).

---

* Localizado em Estrasburgo, na França, o Conselho da Europa é uma organização fundada em 1948 que tem como objetivo a "defesa dos direitos humanos, o desenvolvimento democrático e a estabilidade político-social na Europa" (COE, 2023, tradução nossa).

umpontodois
Bilinguismo

Nesta seção, definiremos bilinguismo, mas, antes, analisemos as seguintes situações:

1. Em uma família indígena, pai, mãe e dois filhos falam tupi-guarani em casa e na comunidade. As crianças frequentam uma escola indígena e utilizam português e tupi-guarani durante as aulas e para comunicação com colegas e professores. Os pais se comunicam pouco em português em seu dia a dia e apenas na forma oral, pois não adquiriram escrita da língua portuguesa.
2. Ana Maria é surda e frequenta uma escola regular que oferece serviço de intérprete da Língua Brasileira de Sinais (Libras), que ela aprendeu na infância. Muitos de seus amigos e colegas estão aprendendo com ela alguns sinais para melhorar a comunicação entre si.
3. Felipe pertence a uma família descendente de italianos e aprendeu a língua italiana com seus avós. É comum que os membros da família usem esse idioma para se comunicar quando estão juntos.

Qual(quais) da(s) situações pode(m) ser considerada(s) exemplo(s) de bilinguismo? Quais pessoas são bilíngues? Se você respondeu todas as situações e pessoas envolvidas, acertou.

> **Importante!**
>
> Os exemplos anteriores representam situações de uso concomitante de duas línguas. O nível de conhecimento linguístico não é o principal fator para que o bilinguismo exista, pois há tipos e níveis de proficiência diferentes e de habilidade de uso.

Segundo Mackey (citado por Li, 2000), o bilinguismo não é apenas um fenômeno da linguagem, mas também uma característica de uso dessa linguagem. Quando os estudos sobre bilinguismo começaram, o conceito mais aceito era o de Bloomfield (1933), que qualificava como bilíngue o sujeito que demonstrava ter conhecimentos linguísticos próximos ao do falante nativo em duas, ou mais, línguas. Com o passar do tempo e a evolução das pesquisas na área de linguística aplicada, formularam-se outras concepções e definições. Além disso, o mito do falante nativo vem decaindo, de modo que atingir a fluência como um nativo não é mais um objetivo.

Grosjean e Li (2013) definem falantes bilíngues como aqueles capazes de usar duas, ou mais, línguas em seu cotidiano. Para os autores, há duas visões sobre um indivíduo bilíngue: a primeira o define como "dois monolíngues em uma pessoa" (Grosjean; Li, 2013, p. 5, tradução nossa); a segunda, mais ampla, aponta que não se trata da soma de dois sujeitos monolíngues, mas sim de um indivíduo com perfil linguístico único, capaz de utilizar duas línguas de forma autônoma. Ademais, o bilinguismo é uma forma de compreender melhor diferentes culturas e formas de pensar.

Então, qual nível de conhecimento linguístico uma pessoa precisa ter para ser considerada bilíngue? É necessário ser fluente nas quatro habilidades – ler, escrever, falar, ouvir?

Ser bilíngue não significa dominar completamente duas línguas. Aliás, raramente falantes alcançam fluência nelas. É comum que eles tenham conhecimentos mais avançados em uma das línguas e, na outra, apenas a capacidade receptiva, ou seja, leitura e compreensão auditiva (Myers-Scotton, 2006) – no caso do inglês, *reading* e *listening*, respectivamente. Kipper (2012) complementa que o bilinguismo é uma capacidade que não pode ser mensurada igualmente em todas as habilidades e níveis linguísticos. O que pesquisadores utilizam para explicar a proficiência em um ou outro idioma são a habilidade e o uso da língua.

Descobrir se uma pessoa é bilíngue simplesmente perguntando se ela fala outra língua é muito subjetivo. Essa pessoa pode ter habilidade de falar duas línguas, mas costuma utilizar uma mais do que a outra, ou, então, apresentar maior competência em uma do que na outra. É possível, também, que ela use uma língua para conversação e outra para ler e escrever, algo usual, por exemplo, entre falantes de línguas de herança e imigrantes. Todos esses são exemplos de habilidade e de uso da língua (Baker, 2001).

Para Grosjean e Li (2013), o nível de fluência em uma língua depende da necessidade de uso. Acrescentamos que está ligado ao propósito de aprendizagem e ao uso da(s) língua(s) estrangeira(s) em diferentes épocas da vida.

> ## Curiosidade
>
> De acordo com Grosjean e Li (2013), mais da metade da população mundial é, no mínimo, bilíngue. Segundo os pesquisadores Schmitt e Rodgers (2020), 83% dos jovens europeus entre 20 e 24 anos têm algum conhecimento de L2 em níveis diversos de proficiência. Em alguns países europeus, o conhecimento de uma L2 é um "denominador comum", uma língua franca necessária quando a população fala variantes ou línguas maternas diferentes, como na Suíça e na Bélgica.
>
> No Brasil, infelizmente, esses números são bem mais baixos: apenas 5,2% dos jovens brasileiros da mesma faixa etária afirmam ter algum conhecimento de língua inglesa (British Council, 2014).

O bilinguismo é algo que precisa ser desenvolvido e estimulado. Para Baker (2001), o aprendizado de L2 do sujeito bilíngue pode ocorrer na infância, em casa, na comunidade, na pré-escola, no ensino fundamental ou médio, e mesmo na idade adulta, em cursos de idiomas. Para Kipper (2012, p. 89), "toda situação de contato é, evidentemente, cenário propício para a aquisição bilíngue, não formal e inconsciente".

umpontotrês
Tipos de bilinguismo

Primeiramente, temos de dintinguir **bilinguismo individual** e **bilinguismo social**: o primeiro refere-se ao caso em que a língua estrangeira é utilizada por um indivíduo, e o segundo é quando a língua é utilizada por um grupo social, uma comunidade, uma região ou um país. Um exemplo de país bilíngue é o Canadá, que tem duas línguas oficiais: o inglês e o francês; ou, ainda, o Paraguai, que, além do espanhol, oficializou o guarani como sua segunda língua.

Da classificação do falante bilíngue derivaram vários termos e categorias, como a lista feita por Li (2000), que apresenta cerca de 40 termos classificadores, por exemplo: *precoce, balanceado, diagonal, dominante, funcional, recessivo, produtivo, secundário, natural, horizontal*. No entanto, tipificar o bilinguismo não é tarefa fácil, visto que há muitas variáveis envolvidas, como identidade cultural, uso da língua, idade, entre outras. O principal critério é a idade, que resulta nos tipos bilinguismo precoce e bilinguismo tardio.

O **bilinguismo precoce** ou **infantil** é dividido em simultâneo e sequencial. O **bilinguismo simultâneo** é aquele no qual a criança aprende duas línguas ao mesmo tempo; um exemplo é quando a criança é exposta a duas línguas desde seu nascimento porque cada um dos pais fala uma língua diferente. Já o **bilinguismo sequencial** ou **consecutivo** se verifica quando a criança aprende primeiro sua LM e depois uma L2. Essa aquisição pode ocorrer de maneira formal ou informal. A aquisição **informal** ocorre na pré-escola, na comunidade, com a família, ao passo que o aprendizado **formal** ocorre na escola regular e em cursos de idiomas (Baker, 2001; Grosjean; Byers-Heinlein, 2018).

Baker (2001) sugere alguns tipos de bilinguismo, conforme o Quadro 1.1.

Quadro 1.1 – Tipos de bilinguismo

Equilibrado	Quando o falante é fluente em dois idiomas de forma igual. É um fenômeno raro de ocorrer.
Incipiente	Competência mínima em um segundo idioma para ser considerado bilíngue. Verifica-se em pessoas capazes de articular algumas frases, como cumprimentos e pedir informações simples em situações de turismo.
Funcional	Uso da língua de forma prática. Diz respeito a quando, onde e com quem as pessoas usam suas duas línguas. Exemplo: situações de trabalho, estudo etc.
Eletivo	São aqueles indivíduos que optam por aprender um idioma, por exemplo, em sala de aula.
Circunstancial	Quando o indivíduo aprende outra língua devido às suas circunstâncias, como imigrantes. Ele precisa aprender outro idioma para viver, estudar e trabalhar no novo país.

FONTE: Elaborado com base em Baker, 2001.

Os falantes também são classificados quanto à organização mental de suas línguas ou suas histórias como bilíngues. Nesse sentido, há mais três tipos de bilingues amplamente mencionados na literatura especializada: (1) compostos, (2) coordenados e (3) subordinados. Esses tipos lidam com as propriedades de como dois ou mais códigos linguísticos são organizados e armazenados.

Para Myers-Scotton (2006), **bilíngues compostos** são aqueles que adquiriram a LE no mesmo contexto, por exemplo, quando a L2 é ensinada ao mesmo tempo que a LM em casa, pelos pais. O **bilíngue coordenado** adquiriu a LM e a L2 em ambientes diferentes, por exemplo, em casa e na escola, respectivamente. Em situações de **bilinguismo subordinado**, as palavras na língua que está sendo aprendida seriam interpretadas a partir da língua dominante, uma característica comum na fase inicial da aprendizagem de uma L2. Esse tipo pode se transformar em bilinguismo coordenado, conforme os aprendizes aumentam seus conhecimentos linguísticos da língua-alvo.

Além desses tipos, vale destacar os bilíngues ativos e passivos. Os **ativos** são indivíduos que desenvolveram conhecimentos nas quatro habilidades da língua (ouvir, falar, ler e escrever), já os **passivos** são os que contam apenas com habilidades receptivas de compreensão, como ouvir e ler (Kipper, 2012).

umpontoquatro
Bi, multi e plurilinguismo e translinguagem

Na literatura especializada, é comum o termo *bilinguismo* estar ligado a outros dois: (1) *multilinguismo* e (2) *plurilinguismo*. E qual é a diferença entre eles?

Convencionou-se chamar de *bilíngue* aquele que tem conhecimentos linguísticos em duas línguas, mas definir multilíngues, plurilíngues ou poliglotas como aqueles que falam mais de duas línguas seria muito simplista.

O COE (2001) considera **plurilíngue** o indivíduo com habilidade de usar várias línguas em diversos níveis e propósitos. Refere-se ao repertório de variedades de línguas que muitos indivíduos usam e, portanto, é o oposto do **monolinguismo**.

Já o conceito de **multilíngue** está relacionado às línguas de grupos sociais, e não apenas de indivíduos. Refere-se à presença, em uma área geográfica, de mais de uma variedade de idioma, ou seja, a diferentes modos de falar de um grupo social (COE, 2007; García; Li, 2014). O Quadro Comum Europeu de Referência para Línguas (Common European Framework of Reference for Languages – CEFR) define *plurilinguismo* como

> *a capacidade de usar línguas para fins de comunicação e a participar na interação intercultural, em que a pessoa, vista como agente social, possui proficiência em níveis variados, em várias línguas, e experiência em várias culturas. Isso não é visto*

como a sobreposição ou a justaposição de competências distintas, mas sim como a existência de uma competência complexa e/ou mesmo composta da qual o usuário pode recorrer. (COE, 2001, p. 8, tradução nossa)

Muito se fala sobre multilinguismo e sobre o que caracteriza suas competências e seus possíveis usos na educação. Melo-Pfeiffer (2019), no que se refere a indivíduos e educação multilíngues, aponta para múltiplas percepções. Segundo ela, o multilinguismo pode ser individual ou social, quase um sinônimo de plurilinguismo, sendo um termo guarda-chuva para diversidade linguística.

O uso do multilinguismo em ambientes multiculturais envolve negociação de significados, por meio de comunicação não verbal, incorporação de novos comportamentos linguísticos, construção e reconstrução de identidades, emoções e sentimentos sobre sujeitos (Kramsch et al., citados por Melo-Pfeiffer, 2019).

Essas relações não são sobre apenas uma língua, mas diversas, o que tem sido chamado de *multilingual turn* na área de ensino e aprendizagem de LEs. *Turn*, ou virada, é o nome dado a um movimento estabelecido ou que está em processo de se estabelecer, e *multilingual turn* é um termo utilizado para criticar ideologias monolíngues, tema muito pesquisado no âmbito da LA e da aquisição de L2 (doravante ASL) na atualidade. Seja qual for a ênfase, os termos *bi*, *multi* e *plurilinguismo* têm algo em comum: referem-se à pluralidade de línguas autônomas, sendo elas duas (bi) ou muitas (multi), em nível individual (bi/pluri) ou social (multi).

Vale lembrar que poucos bilíngues são tão proficientes em uma LE quanto em sua LM. Isso também acontece com o falante multi ou plurilíngue: ele dificilmente falará outra(s) língua(s) com um mesmo nível de proficiência. Segundo Myers-Scotton (2006), isso ocorre porque poucos multi e plurilíngues foram expostos igualmente às línguas que falam, bem como não as utilizam com a mesma frequência ou nas mesmas situações. O objetivo não é mais alcançar o domínio de mais de uma LE. "Em vez disso, o objetivo é desenvolver um repertório linguístico, no qual todas as habilidades linguísticas tenham um lugar" (COE, 2001, p. 4, tradução nossa).

O nível de conhecimento linguístico dessas línguas pode variar e mudar, pois o bi, o multi e o plurilinguismo não são entidades estáticas, mas contínuos, negociados na prática e no uso, que se desenvolvem ao longo da vida, podendo evoluir ou regredir de acordo com o uso, ou a falta dele. É comum indivíduos adquirirem novas línguas e perderem as antigas em diferentes momentos de suas vidas e para diferentes propósitos e necessidades.

Em uma realidade bi, multi ou plurilíngue na qual várias línguas são usadas nos mesmos espaço e tempo, há diversas situações comunicativas cotidianas que tornam necessária a negociação de significados. Para isso, colaboram alguns fenômenos linguísticos, como a translinguagem, os quais evidenciam que a língua não é uma entidade estática. Originalmente, o termo e o conceito de *translinguagem* foram criados no País de Gales, por Cen Williams. Em seu uso original, alunos deveriam alternar línguas para fins de uso receptivo ou produtivo; por exemplo, ouvir questões em inglês e responder em galês (García; Li, 2014).

Para Canagarajah (citado por García; Li, 2014), translinguagem é a capacidade que falantes multilíngues têm de passar de uma língua para outra, tratando essas línguas que formam seu repertório como um sistema integrado. Ele também argumenta que falantes bi, multi e plurilíngues têm vidas, mentes e ações diferentes dos monolíngues porque, no mínimo, duas línguas coexistem em seus cérebros e suas interações complexas são sempre no primeiro plano.

A translinguagem captura a realidade sociolinguística cotidiana e se manifesta nos três exemplos descritos no início deste capítulo. Portanto, ela toma como norma as práticas linguísticas de falantes bilíngues, e não a língua de monolíngues, conforme descrito por livros e gramáticas tradicionais (García; Li, 2014). No Capítulo 3, aprofundaremos a discussão sobre translinguagem.

umpontocinco
Mitos sobre bilinguismo: crenças e atitudes

É impossível tratar sobre bilinguismo sem mencionar alguns mitos e crenças; alguns positivos, outros nem tanto. De acordo com Grosjean (2010), os mais comuns são:

- Todo bilíngue adquire seus idiomas na infância: É possível se tornar bilíngue na infância, mas também na adolescência e na idade adulta. Na verdade, muitos adultos se tornam bilíngues porque se mudam de um país, ou região, para outro e precisam adquirir uma L2. Com o tempo, eles podem se tornar tão bilíngues quanto crianças que adquirem seus idiomas nos primeiros anos de vida. No próximo capítulo, dedicaremos uma sessão a esse mito, que é um dos mais conhecidos.

- **Bilinguismo é um fenômeno raro:** Como mencionado no início do capítulo, de acordo com Grosjean e Li (2013), mais da metade da população mundial é, no mínimo, bilíngue. Falantes bilíngues são encontrados em todos os cantos do mundo, em todas as esferas da sociedade e em diferentes faixas etárias.
- **Falantes bilíngues têm conhecimentos iguais em ambas as línguas que falam:** O conhecimento da língua está relacionado a sua necessidade de uso, independentemente da idade do falante. Alguns possuem uma língua dominante, outros, algumas habilidades em uma, mas não na outra, por exemplo, falam uma língua, mas não a escrevem nem a leem. Conhecimento "perfeito" em ambas as línguas é um fenômeno raro.
- **Bilíngues verdadeiros não apresentam sotaque ao falar a LE:** Ter ou não sotaque ao falar uma LE não faz a pessoa mais ou menos bilíngue. Às vezes, falantes com grande conhecimento linguístico falam com sotaque, ao passo que falantes com conhecimentos inferiores, não.

- **Falantes bilíngues confundem suas línguas:** É comum que falantes bilíngues usem elementos de mais de um idioma ao conversar. Essa "mistura" de línguas é um fenômeno conhecido como *code switching* ou *code mixing* e envolve a alternância proposital entre os sistemas de linguagem.
- **O bilinguismo atrasa a aquisição da linguagem nas crianças:** Alguns pais e/ou responsáveis temem que o contato com outra língua atrase o desenvolvimento da fala e da linguagem da criança. No entanto, não há evidências de que o bilinguismo desencadeie atraso de desenvolvimento linguístico.
- **Crianças criadas como bilíngues misturam suas línguas:** É comum falantes bilíngues, tanto crianças quanto adultos, misturarem suas línguas ao falarem com seus pares. Mas, como informamos, isso sempre é feito intencionalmente. Quando esses falantes estão na presença de monolíngues, eles ajustam sua fala para serem compreendidos.

Síntese

Neste capítulo, definimos língua como instrumento de interação e tratamos das diferenças entre LM, L2 e LE. Explicamos que a LA é a área que se dedica aos estudos relacionados ao ensino, à aprendizagem e à aquisição de LE/L2.

Também definimos bilinguismo, multilinguismo e plurilinguismo como fenômenos globais, especificando o que é necessário para uma pessoa ser considerada bilíngue. Comentamos alguns tipos de bilinguismo, como equilibrado, incipiente, funcional, eletivo e circunstancial.

Além disso, abordamos o fenômeno da translinguagem e sua importância na comunicação dos falantes bi/multi/plutilíngues, em razão da capacidade que tais falantes têm de passar de uma língua para outra, tratando-as como um sistema integrado.

Finalizamos este capítulo desmitificando algumas crenças relacionados ao bilinguismo e aos falantes bilíngues.

Atividades de autoavaliação

1. A linguística pode ser definida como:
a. ciência que estuda os mecanismos da gramática normativa.
b. subárea da psicologia que investiga os processos mentais na aquisição de uma L2.
c. ciência que investiga a relação entre linguagem e sociedade.
d. ciência que se ocupa do estudo da língua e da linguagem.
e. subárea da neurologia que estuda as áreas do cérebro que processam a faculdade da linguagem.

2. Sobre língua franca, indique se as afirmações a seguir são verdadeiras (V) ou falsas (F):
( ) É qualquer língua estrangeira.
( ) É a língua utilizada como língua comum por sujeitos que falam a mesma LM.
( ) É a língua utilizada como língua comum por sujeitos que têm como LM, cada um, uma língua diferente.
( ) Pode ser a L1 de um dos interlocutores ou a L2 de ambos.
( ) É usada exclusivamente nos negócios internacionais.

Agora, assinale a alternativa que corresponde à sequência correta de preenchimento dos parênteses, de cima para baixo:
a. V, F, F, V, F.
b. V, V, F, F, F.
c. F, F, V, V, F.
d. V, V, F, V, V.
e. F, F, F, V, V.

3. Falante bilíngue é aquele:
a. capaz de usar duas (ou mais) línguas em seu cotidiano.
b. com conhecimentos linguísticos próximos ao do falante nativo.
c. que aprendeu duas línguas na infância.
d. que fala sem sotaque da L1.
e. cujos pais também falam uma LE.

4. Considere as afirmativas a seguir:
I. Falantes bilíngues são minoria.
II. É raro um falante bilíngue ter domínio igual nas duas línguas.
III. Bilíngues verdadeiros podem ter sotaque ao falar a LE.
IV. Falantes bilíngues confundem suas línguas.
V. Apenas aqueles que têm contato com uma LE desde crianças alcançam conhecimentos avançados nessa língua.

São mitos a respeito do bilinguismo as afirmativas:
a. II e IV.
b. I, IV e V.
c. I, III e IV.
d. II e V.
e. I, II e III.

5. Sobre LA, marque V para a(s) afirmativa(s) verdadeira(s) e F para a(s) falsa(s):
   ( ) Estuda o ensino, aprendizagem e aquisição de LE.
   ( ) Preocupa-se em resolver problemas do mundo real em que o idioma é uma questão central.
   ( ) Estuda vida social e língua de maneira separada.
   ( ) Surgiu na década de 1980.
   ( ) Há cerca de 28 subáreas estudadas pela LA.

   Agora, assinale a alternativa que corresponde à sequência correta de preenchimento dos parênteses, de cima para baixo:
   a. F, V, V, V, F.
   b. V, V, F, F, V.
   c. F, V, F, V, V.
   d. V, F, F, F, V.
   e. V, F, F, V, V.

Atividades de aprendizagem

Questões para reflexão

1. Você pensa que é possível ser totalmente monolíngue? Durante um trajeto comum, observe a região onde mora, prestando atenção à quantidade de palavras em outros idiomas que você encontra. Faça uma lista dessas palavras.

2. Dos tipos de bilíngues citados no capítulo, como equilibrado, incipiente, funcional, eletivo e circunstancial, qual te descreve melhor e por quê?

Atividade aplicada: prática

1. Converse com uma pessoa bilíngue, faça perguntas relacionadas aos temas estudados neste capítulo e observe se há relação com a teoria. Você pode utilizar as perguntas a seguir como um roteiro:
   - Quais línguas você utiliza em seu cotidiano?
   - Qual língua você aprendeu antes?
   - Em quais situações você usa essas línguas?
   - Seu aprendizado de língua foi informal (casa, família, comunidade) ou formal (escola, curso)?
   - Você utiliza palavras das duas (ou mais) línguas em uma mesma fala?
   - Você se considera bilíngue?

um	Bilinguismo: definições e dimensões
# dois	O cérebro bilíngue
três	Bilinguismo e aquisição-aprendizagem de língua estrangeira
quatro	Educação bilíngue
cinco	O professor e a escola bilíngue
seis	Futuro da educação bilíngue

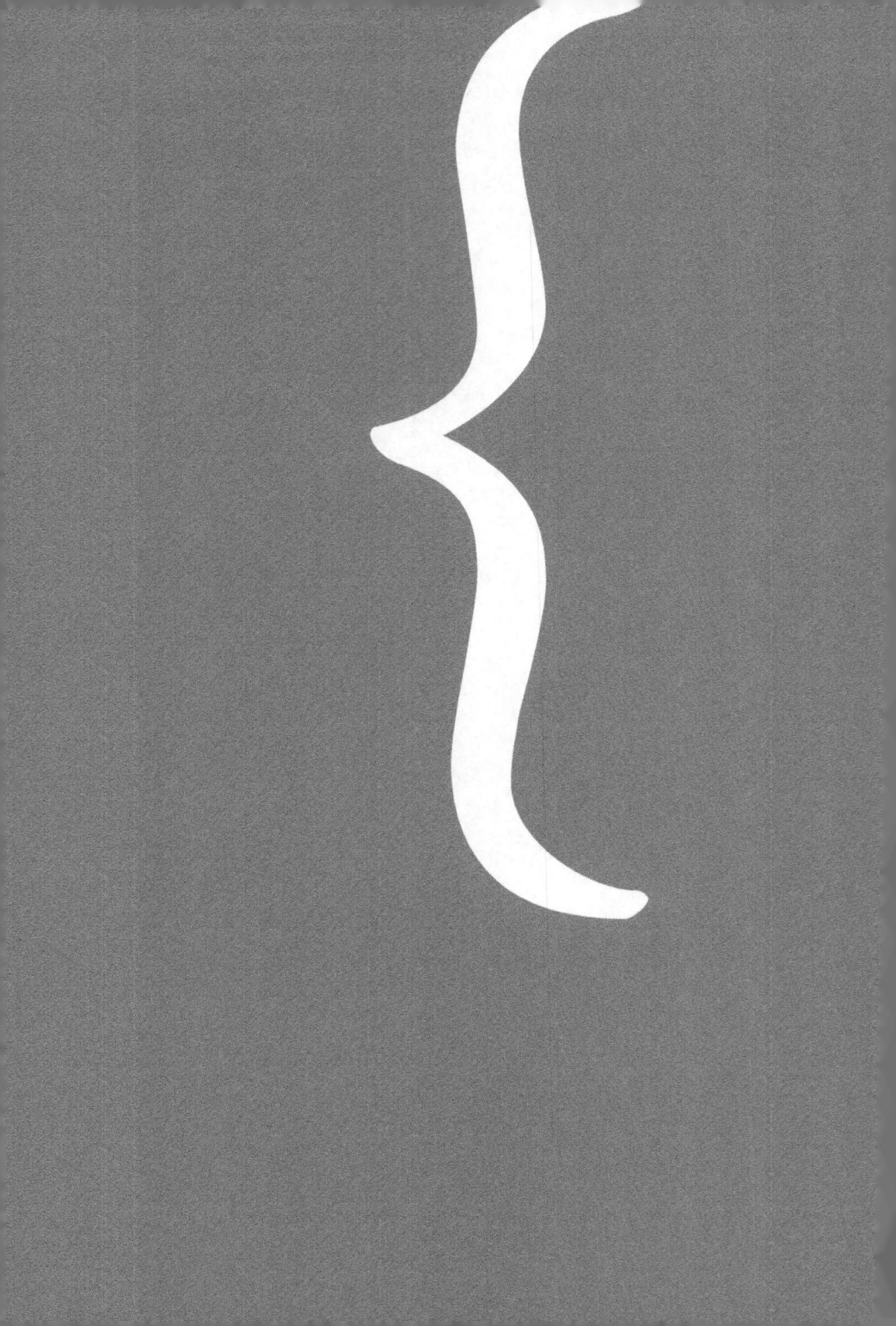

{

❡ NESTE CAPÍTULO, DESCREVEREMOS como o cérebro bilíngue funciona e como ele difere do monolíngue. Explicaremos como a habilidade de falar uma segunda língua (L2), ou mais, modela o cérebro humano, promovendo benefícios cognitivos. Discutiremos importantes pontos relacionados ao bilinguismo: a idade de aquisição do segundo idioma, suas vantagens e desenvolvimento, buscando responder se, de fato, quanto mais cedo o indivíduo adquire uma língua estrangeira (LE), melhor.

doispontoum
Pensamento bilíngue

O cérebro humano é um dos primeiros órgãos a se desenvolver, em torno da sétima semana de gestação. Após o nascimento, ele continua a se expandir ao longo da vida, atingindo a maturidade total entre os 23 e 29 anos (Kennedy, 2006). Durante algum tempo, foi consenso entre estudiosos que, a partir desse momento de maturação, o cérebro não mudaria mais, suas funções se tornariam fixas e, eventualmente, começariam a entrar em declínio. Pensava-se que o cérebro não era capaz de se recuperar de lesões, o que já se sabe ser viável, pois ele tem capacidade de mudar mediante diferentes experiências. Para Kennedy (2006, p. 474, tradução nossa) "tanto a natureza quanto os estímulos são componentes essenciais dessa equação. Experiências variadas continuam a moldar o cérebro de cada indivíduo ao longo da vida". Uma dessas experiências é a aprendizagem e a aquisição de língua estrangeira (ALE). Convém, então, esclarecer como o cérebro processa a linguagem.

Salvo exceções decorrentes de condições médicas, o ser humano já nasce pronto para desenvolver a capacidade da linguagem. De acordo com Chomsky e Pinker (citados por Kennedy, 2006), é algo inato, e esse "processamento" ocorre no hemisfério esquerdo do cérebro, mas envolve a troca de informações entre ambos os lados. Saber como a língua é processada no cérebro pode clarificar como a aprendizagem ocorre, sendo interessante conhecer algumas características da anatomia cerebral.

O cérebro é dividido em dois hemisférios – esquerdo e direito –, ambos conectados por um feixe de fibras nervosas, conhecido como *corpo caloso*. O **hemisfério esquerdo** processa o pensamento linear e lógico e a comunicação, e o **hemisfério direito** está relacionado às relações espaciais, sendo mais ativo quando o indivíduo está em repouso. Segundo Hernandez (2016), o cérebro humano é uma máquina sensório-motora, dividida em quatro lobos: (1) frontal, (2) parietal, (3) temporal e (4) occipital. O **lobo frontal** se ocupa do planejamento de ações e do pensamento abstrato; o **lobo parietal** é um ponto de transferência para os fluxos de informação; o **lobo temporal** processa os sons; e, por fim, o **lobo occipital**, realiza processamento visual.

Figura 2.1 – Cérebro

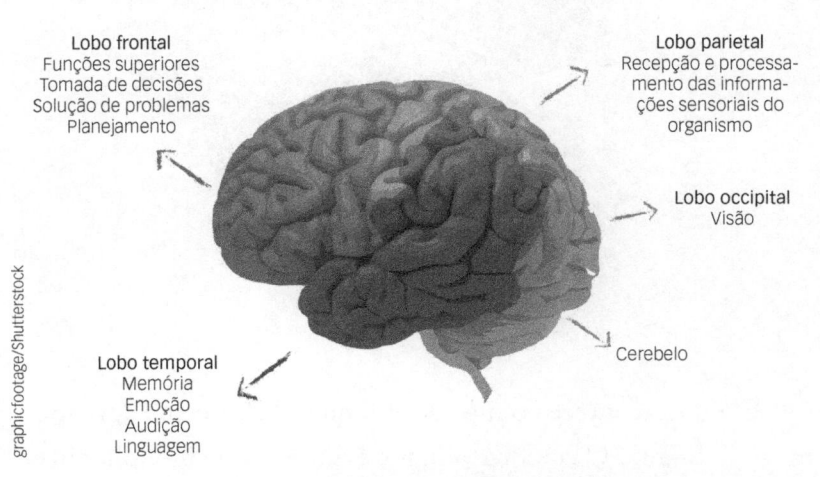

Lobo frontal
Funções superiores
Tomada de decisões
Solução de problemas
Planejamento

Lobo parietal
Recepção e processamento das informações sensoriais do organismo

Lobo occipital
Visão

Cerebelo

Lobo temporal
Memória
Emoção
Audição
Linguagem

graphicfootage/Shutterstock

As principais áreas do cérebro relacionadas à linguagem são as áreas de Broca e de Wernicke. A **área de Broca** responde pela produção e pela articulação da fala, localizando-se no lobo frontal esquerdo. Já a **área de Wernicke** se encontra no lobo temporal esquerdo, processando o desenvolvimento e a compreensão da linguagem (Kennedy, 2006).

FIGURA 2.2 – ÁREAS DE WERNICKE E BROCA

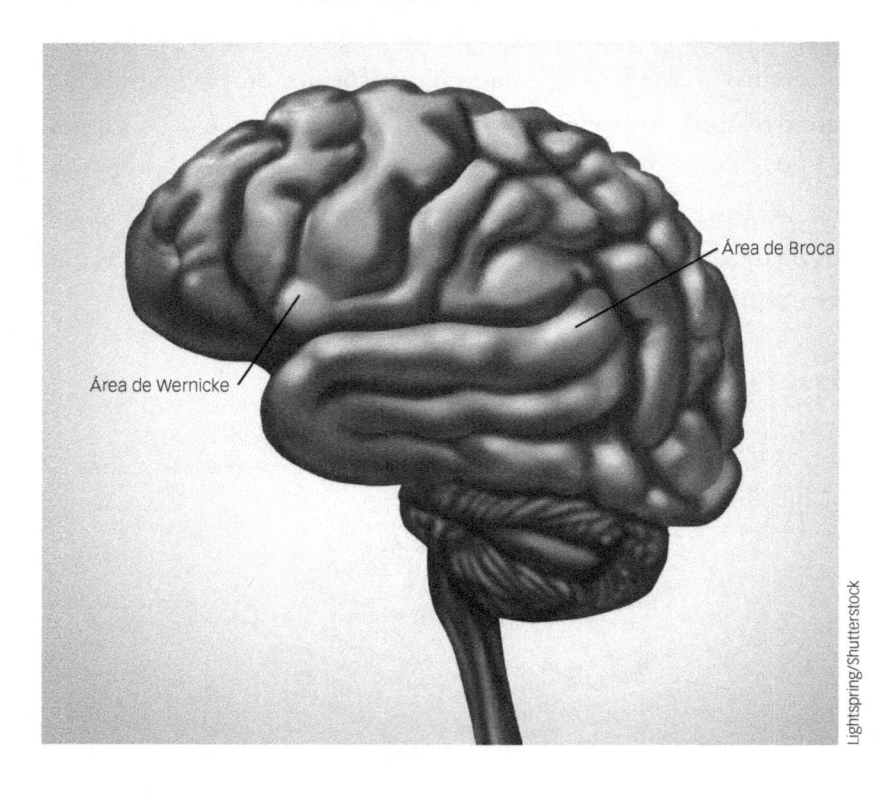

![Áreas de Wernicke e Broca](Área de Broca; Área de Wernicke)

Lightspring/Shutterstock

E o que acontece com o cérebro quando a pessoa aprende uma nova língua? O cérebro bilíngue é diferente do monolíngue?

A aprendizagem, a aquisição e o uso de LEs podem ter um efeito profundo nas estruturas cerebrais em geral, principalmente no **corpo caloso** – estrutura localizada na região central do cérebro humano e que conecta os hemisférios direito e esquerdo. Em indivíduos bilíngues, o corpo caloso tem uma formação diferente daquela apresentada nos indivíduos monolíngues. Isso ocorre como uma resposta do cérebro à aquisição e ao uso de uma LE. Com essa adaptação, o cérebro se torna capaz de acomodar vários idiomas, utilizando, para isso, regiões para a língua materna (LM ou L1) ou criando redes corticais em áreas adjacentes distintas do córtex para lidar com certos aspectos funcionais de uma LE (Kennedy, 2006).

FIGURA 2.3 – CORTE LONGITUDINAL DO CÉREBRO

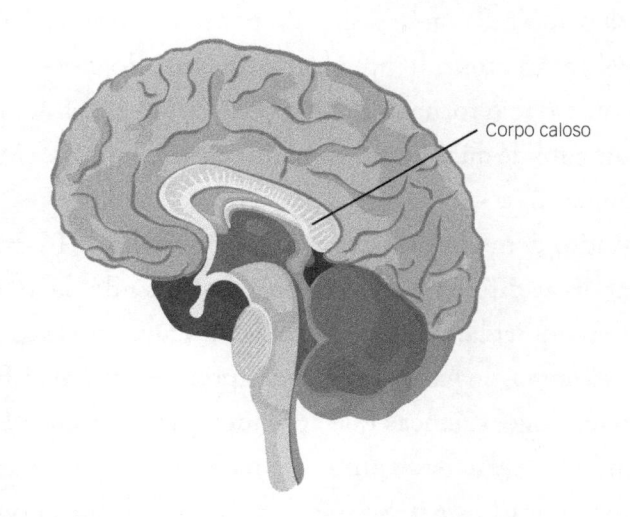

Corpo caloso

logika600/Shutterstock

Segundo estudos, a idade desempenha papel importante no processo de aquisição de uma língua (Bialystok, 2001; Hernandez, 2016; Grosjean; Byers-Heinlein, 2018; Guirgis; Olson, 2014). Para a neurociência, a idade com que uma pessoa inicia seu contato com a LE é muito importante. Sobre isso, Hernandez (2016, p. 35, tradução nossa) declara que "a exposição a duas línguas no início da vida resulta em considerável plasticidade no sistema". A neuroplasticidade é o que permite as mudanças no cérebro ao longo da vida, estando relacionada à capacidade desse órgão de regenerar regiões lesionadas, produzir novos neurônios, reorganizar regiões para realizar novas tarefas e construir redes neurais. Além disso, está ligada à capacidade do cérebro de se moldar depois de aprender uma L2.

A neuroplasticidade cerebral diminui com o passar dos anos, motivo pelo qual a aprendizagem de um segundo idioma na infância pode ser mais bem-sucedida e oferecer muitas vantagens para o aprendiz, até mesmo do ponto de vista neurológico, como descreveremos adiante. A plasticidade do cérebro infantil é maior, o que o torna mais adaptável e capaz de lidar com o funcionamento de duas línguas em diferentes contextos (Muñoz; Singleton, 2011).

Estudos demonstram que a aquisição tardia de LE pode se processar áreas diferentes do cérebro, dependendo da idade em que ela for adquirida: bilíngues tardios utilizam áreas separadas para cada idioma; ao passo que os que aprenderam uma LE mais jovens, não. Logo, crianças que aprendem uma ou mais LEs armazenam essa capacidade junto de sua LM, na mesma área do cérebro. Já os adultos a processam em áreas distintas, pois o sistema da LM já estava estabelecido, e a LE se desenvolve em torno dela em áreas adjacentes (Muñoz; Singleton, 2011).

No entanto, isso não impede que adultos obtenham sucesso no aprendizado de uma LE. Os benefícios associados às mudanças cerebrais ligadas a essa aprendizagem também foram observados em pessoas na idade adulta. Pesquisas têm demonstrado que os bilíngues têm retardamento de cerca de quatro anos, em média, no aparecimento e na manifestação de doenças degenerativas relacionadas à velhice, como Alzheimer e demência. Isso ocorre porque falar mais de um idioma torna a massa cinzenta mais densa, especialmente no córtex frontal inferior do hemisfério esquerdo, no qual a maior parte da comunicação e da linguagem é controlada (Bialystok; Craik; Freedman, 2007).

doispontodois
Quanto mais cedo, melhor?

Já mencionamos que todos os falantes são únicos e que o nível de conhecimento linguístico manifestado por sujeitos bi, multi ou plurilíngues são variados e passíveis de mudança ao longo da vida. Quanto maior é o contato com uma língua, maior é o desenvolvimento linguístico do falante; e quando este diminui ou interrompe o contato com ela, a tendência é seu declínio.

E qual seria a idade ideal para um sujeito iniciar o processo de aquisição de uma LE? É verdade que uma pessoa alcança nível de fluência próximo ao dos falantes nativos apenas quando inicia seu contato com L2 na infância? Realmente é preciso falar como nativo? No âmbito da aprendizagem de LE, é comum a crença de que a aquisição deve ocorrer *the sooner, the better*, ou seja, quanto mais cedo, melhor.

No Capítulo 1, comentamos alguns dos mitos ligados ao bilinguismo, e um dos mais conhecidos afirma que, para ser realmente bilíngue, para se alcançar a fluência em um idioma em nível "nativo", é necessário que a aquisição se inicie na infância. Por isso, não surpreende a crescente procura de pais e/ou responsáveis por escolas de idiomas, escolas bilíngues e intercâmbios culturais para crianças cada vez mais jovens. A procura por uma educação bilíngue que forneça as ferramentas adequadas e prepare crianças e adolescentes para o futuro vem crescendo muito no Brasil e no mundo. As razões para isso são muitas: facilidade de trânsito entre países, intercâmbio de estudo e de trabalho, maiores perspectivas profissionais etc.

Crianças começam a falar sua LM por volta de 1 ano de idade, e esse conhecimento se solidifica até cerca dos 6 anos, quando, geralmente, não trocam mais letras nem apresentam qualquer vício de linguagem relacionado à primeira infância. E, na aquisição de uma LE, o quanto a idade pode influenciar?

Na linguística aplicada (LA), muitos são os estudos focados na idade dos aprendizes, e uma das principais teorias é a **hipótese do período crítico** (*critical period*). Ela foi levantada, inicialmente, pelos neurocientistas Wilder Graves Penfield (1891-1976) e Lamar Roberts, em 1959, e, em seguida, por Eric Heinz Lenneberg (1921-1975), em 1967. Segundo essa hipótese, na LE, assim como na aquisição de LM, há um período em que o cérebro está mais apto à aprendizagem. Para Muñoz e Singleton (2011), esse período crítico terminaria por volta da puberdade, pois o cérebro humano enrijece progressivamente após os 9 anos de idade. Depois disso, aprendizes adolescentes e adultos não mais dispõem de capacidades inatas de aprendizagem de línguas, como as crianças mais novas (Lightbown; Spada, 2013).

Crianças têm a capacidade inata de intuir a gramática de sua LM e a facilidade em distinguir sons diferentes desde bem cedo. Aos 2 meses, os bebês já conseguem identificar a diferença entre as línguas que têm sons e entonações diferentes. Aos 3 ou 4 meses, já conseguem reconhecer os padrões de formação de palavras e estruturas de sentenças (morfologia e sintaxe). Os adultos perdem essa capacidade ao longo da vida e, portanto, precisam recorrer a outras estratégias para lidar com a aprendizagem de LE (Ortega, 2013).

Scovel (2001) afirma que exceções ao período crítico são raras e que todos os aprendizes o experimentam em algum momento, na forma de restrições em seu desempenho. Para ele, a principal diferença na aquisição de LE antes dos 12 anos está ligada à pronúncia. Jovens aprendizes têm muito mais chances de falar uma LE sem interferências de sotaque de sua LM. Já segundo Pinter (2011), não há evidências claras a respeito da existência de um período crítico para a aquisição de L2; fatores sociais, ambientais e individuais é que determinariam o sucesso ou não na aquisição de um idioma.

Outra hipótese é a do **período sensível**. Alguns autores a consideram sinônimo de período crítico, mas outros a distinguem. Ambas têm em comum a definição do conceito de restrições de maturidade e sensibilidade para o aprendizado de línguas. A hipótese do período crítico sustenta-se na premissa de que a maturação ocorre até a puberdade, já a hipótese do período sensível considera essa transição mais gradual, com a capacidade de aprendizado de uma língua diminuindo com o tempo (Grosjean; Byers-Heinlein, 2018).

Para Lightbown e Spada (2013), outros fatores importantes contribuem para a aprendizagem de línguas na infância, e o principal deles é o ambiente. Crianças adquirem uma LE de maneira informal, tendo mais liberdade de falar o idioma livremente, sem medo de errar, e são constantemente elogiadas e estimuladas a falar mais. Já os adultos, desde o início, sentem pressão para falar corretamente e utilizar estruturas complexas em ambientes formais de aprendizagem, o que gera insegurança e senso de inadequação, contribuindo negativamente para o processo de aprendizagem.

Isso, porém, não é um impeditivo para que o aprendizado de LE seja bem-sucedido na idade adulta. Vários estudos (Grosjean; Byers-Heinlein, 2018; Hoefnagel-HöHle, citado por Muñoz; Singleton, 2011; Ortega, 2013) ratificam a possibilidade de o cérebro adulto assimilar bem tal aprendizado na fase adulta. Uma das descobertas foi a de que adultos aprendem mais rápido e são capazes de usar suas habilidades e estratégias cognitivas e metacognitivas para aprender muitos aspectos de LE (Ortega, 2013). Alguns pesquisadores afirmam que a capacidade de aquisição geral da língua é afetada com a idade (Lenneberg, citado por Muñoz; Singleton, 2011), mas, para Scovel (citado por Muñoz; Singleton, 2011), apenas as habilidades fonéticas e fonológicas são atingidas, de modo que a pronúncia de quem adquire uma LE cedo tende a ser melhor do que daqueles que a adquiriram mais tarde.

Isso posto, está claro que há diferenças relacionadas à idade na forma como uma habilidade é aprendida. Quando o aprendiz começa a ter contato com a LE, quanto mais o sistema de LM estiver desenvolvido, mais fortemente ela influenciará a LE (Piske et al., citados por Ortega, 2013). Portanto, crianças levam vantagem por não estarem totalmente desenvolvidas em suas LMs.

Recentemente, no entanto, vários pesquisadores destacaram o papel de aspectos contextuais e individuais que podem mediar ou se relacionar com os efeitos da idade no processo de aprendizagem de LE. São eles: *input**, fatores contextuais, socioafetivos e cognitivos.

Alguns fatores podem se mostrar mais importantes do que a idade na aprendizagem de uma LE, sendo eles exposição à linguagem e interação social. Quando a LE passa pela instrução formal, além do tempo de aprendizado – que pode ser medido em horas, semestres ou anos –, deve-se considerar o uso dela fora da sala de aula; é importante vivenciar experiências na língua-alvo em diversos contextos fora do ambiente formal de aprendizagem, pois "os domínios nos quais a língua é usada podem ser particularmente significativos" (Moyer, citado por Muñoz; Singleton, 2011, p. 14, tradução nossa).

Além da quantidade e da qualidade do *input* da LE, fatores socioafetivos e cognitivos desempenham importante papel no processo de aquisição de LE, independentemente da idade do

---

* *Imput* linguístico é o conjunto de dados de uma língua a que o sujeito tem acesso em diferentes interações estabelecidas por outros sujeitos entre si ou destes diretamente com o indivíduo.

aprendiz. Todo professor de idiomas já ouviu de algum aluno que ele não gostava daquela LE e, não coincidentemente, esse aluno não desenvolvia as habilidades da maneira esperada. O contrário, felizmente, acontece com mais frequência: aprendizes que manifestam gosto pela LE têm mais disposição em aprender e, por consequência, mais desenvoltura. O que Krashen (citado por Lightbown; Spada, 2013) chamou de *filtro afetivo* é uma barreira imaginária que dificulta a motivação e, consequentemente, a aprendizagem.

Então, ter afinidade com outro idioma e cultura facilita o aprendizado? De acordo com Jia e Aaronson (citados por Muñoz; Singleton, 2011, p. 20, tradução nossa), "a preferência pelo idioma pode ser moldada por fatores sociopsicológicos e que, por sua vez, podem influenciar fortemente o uso da língua e a proficiência". Ainda segundo os autores, a vantagem dos aprendizes mais jovens está na disposição para interagir na LE e no seu uso mais frequente, o que pode explicar o aprendizado em curto prazo que eles costumam apresentar (Jia; Aaronson, citados por Muñoz; Singleton, 2011).

Pavlenko e Lantolf (citados por Muñoz; Singleton, 2011) propõem que, sobretudo, o bilinguismo tardio se relaciona à agência e à intencionalidade, sugerindo que as pessoas decidem desenvolver sua LE. Já no bilinguismo infantil, a aquisição de outra língua é uma decisão dos pais ou responsáveis.

Conforme já referimos, há diversas vantagens em se aprender uma língua na infância: o cérebro tem mais plasticidade, o ambiente de aprendizagem é informal, há mais liberdade e menos pressão para se falar o idioma, sem medo de errar. No entanto, independentemente da idade, quando o contato com a língua-alvo é interrompido, o nível de conhecimento linguístico tende a regredir, conforme comentado anteriormente; é o princípio do use-o ou perca-o (*use it or lose it*). Línguas que não continuam a ser ouvidas ou faladas perdem-se, processo denominado *atrito de linguagem*, que pode acontecer tanto com a primeira quanto com as línguas aprendidas posteriormente (Muñoz; Singleton, 2011). Portanto, é importante que, em todas as idades, o aprendiz tenha contato com a LE, uma vez que a aprendizagem é gradual e deve acontecer também fora da sala de aula, independentemente da idade.

doispontotrês
Desenvolvimento bilíngue infantil

Como explicamos, uma criança que tem contato com uma L2 desde cedo tem muitas vantagens e facilidades para o aprendizado desta e de outras línguas. Assim é porque o cérebro está pronto para receber uma LE em razão de sua maior plasticidade, e o ambiente tende a ser favorável por não apresentar pressão emocional e ser informal, sem falar na habilidade das crianças de diferenciar padrões de sons e estruturas linguísticas desde muito cedo.

O desenvolvimento linguístico é um processo complexo e dinâmico influenciado por idade, exposição à língua-alvo e interações sociais. Uma criança bilíngue, geralmente, segue um destes padrões de aquisição de linguagem: bilinguismo simultâneo, no qual a criança adquire duas línguas ao mesmo tempo; ou bilinguismo sequencial, em que a criança adquire uma L2 após a aquisição do idioma principal.

Em muitas situações, crianças já fazem parte de um contexto bi, multi e plurilíngue por conta de suas famílias multiculturais e multiétnicas. A imigração é uma razão comum para o bilinguismo na infância, e as crianças de famílias de imigrantes, geralmente, aprendem um idioma em casa e outro na comunidade (Grosjean; Byers-Heinlein, 2018). Em alguns casos, é comum que os pais falem línguas diferentes, seja como LM ou LE, e, assim, a criança cresce falando ambas as línguas como se fossem suas LMs, ou seja, como bilíngues simultâneos. Em outros, os pais optam por expor seus filhos a um segundo idioma mais tarde, escolhendo matriculá-los em cursos, escolas bilíngues ou internacionais, tornando-os bilíngues sequenciais.

Crianças em idade pré-escolar apresentam capacidades de desenvolver uma L2 de forma diferente das crianças em idade escolar. Para crianças mais velhas, adquirir uma L2 é um processo consciente, mais apropriadamente denominado *aprendizagem de língua* do que *aquisição*. Esmiuçaremos a diferença entre aprendizagem e aquisição no Capítulo 3.

Em famílias nas quais um dos pais fala uma L2, uma das estratégias utilizadas para o desenvolvimento dessa língua pelas crianças bilíngues simultâneas é o *one parent, one language* (Opol). Essa prática consiste no uso de uma língua por cada um dos pais (ou responsável) da criança, o que estimula o aprendizado de ambas ao mesmo tempo. Por exemplo, o pai fala com a criança apenas em alemão, e a mãe, em português (Grosjean; Byers-Heinlein, 2018; Li, 2000).

> ## Exemplificando
>
> Essa prática pode acontecer desde muito cedo, pois, em estudo sobre o desenvolvimento de crianças bilíngues, Trehub (citado por Genesee, 2000) descobriu que bebês de 6 a 17 semanas são capazes de diferenciar contrastes fonéticos em línguas às quais nunca foram expostos. Já Mehler et al. (citados por Genesee, 2000) relataram que bebês de 4 dias de idade de famílias falantes de francês foram capazes de diferenciar as línguas francesa e russa, mostrando preferência pela primeira.

Crianças que aprendem a LE de forma simultânea à LM o fazem em duas etapas. Na primeira, LE e LM pertencem a um sistema indiferenciado de "língua única", composto de elementos de ambas. Crianças bilíngues passam pelos mesmos processos de desenvolvimento de uma criança monolíngue, como uso de palavras isoladas, aumento de vocabulário, surgimento de combinações de duas palavras, equívocos no uso de tempos verbais etc. A principal diferença é que os dois idiomas estão envolvidos de forma igual; por exemplo, a criança pode saber o nome de um objeto em uma língua, mas não em outra, ou usar palavras de ambas as línguas em uma única frase (*code switching*), ou, ainda, usar radicais de palavras de um idioma com prefixos e sufixos de outro (*language blend*) (Fierro-Cobas; Chan, 2001).

A segunda etapa acontece quando a criança começa a diferenciar os dois sistemas de linguagem, usando cada um deles para fins distintos. A criança pode aprender a associar cada língua a uma pessoa específica (pais, avós), à faixa etária (amigos, adultos) ou à situação (casa, escola). Ela, então, desenvolve a habilidade de alternar a linguagem, utilizando uma língua específica para se comunicar em determinado contexto. Se a família mudar a língua usada durante uma conversa, a criança também aprenderá esse padrão e reconhecerá que duas línguas diferentes estão sendo utilizadas (Fierro-Cobas; Chan, 2001).

O desenvolvimento da criança bilíngue sequencial ocorre de maneira distinta, pois ela pode recorrer ao conhecimento de sua primeira língua (L1) ou LM. Esse desenvolvimento também depende de seu temperamento e motivação. Assim, uma criança mais sociável pode aprender rapidamente frases que a ajudem a interagir com outras crianças e adultos, como "minha vez" ou "vamos lá"; já uma criança mais introvertida pode ter uma fase silenciosa, ou seja, sem interação, quando está com pessoas que falam sua L2 (Fierro-Cobas; Chan, 2001).

O Quadro 2.1 apresenta as etapas do desenvolvimento bilíngue simultâneo.

QUADRO 2.1 – DESENVOLVIMENTO BILÍNGUE SIMULTÂNEO

Idade	Fase	Meta	Possíveis problemas de desenvolvimento de linguagem
Do nascimento até 2 meses	Sem diferenciação [contém elementos das duas línguas]	Sons indistintos	

(continua)

(Quadro 2.1 – conclusão)

Idade	Fase	Meta	Possíveis problemas de desenvolvimento de linguagem
2-6 meses	Sem diferenciação	Balbucios	Sem sons bilabiais
6-15 meses	Sem diferenciação	Primeiras palavras (idade do aparecimento pode ser um pouco mais tarde do que o de falantes monolíngues, mas, ainda está dentro da faixa de idade normal)	Menos que uma palavra nova por semana
1-2 anos	Sem diferenciação	*Language blend* (partes de palavras de ambas as línguas são "misturadas" em uma única palavra)	Menos de 20 palavras (2 idiomas combinados) até os 20 meses
2-3 anos	Sem diferenciação	*Code switching* (palavras de línguas diferentes são usadas na mesma frase ou adaptada para a gramática da outra língua)	Um número contável de palavras até os 30 meses; sem combinações de palavras
4 anos	Com diferenciação	Utiliza cada língua como um sistema separado	

FONTE: Fierro-Cobas; Chan, 2001, tradução nossa.

A seguir, o Quadro 2.2 aponta como ocorre o desenvolvimento bilíngue sequencial.

Quadro 2.2 – Desenvolvimento bilíngue sequencial

Fase	Meta	Possíveis problemas de desenvolvimento de linguagem
Primeira língua	Aquisição de sequência normal	Metas anormais
Período de interação	Uso de comunicação não verbal e frases fixas	Ecolalia*
Período de inferência	Regras gramaticais da primeira língua são aplicadas à segunda língua	Erros sintáticos na primeira língua
Período de silêncio	Mutismo seletivo (pode ser mais longo em crianças ansiosas)	Silêncio prolongado ou mudez
Code switching	Faz troca entre línguas na mesma conversa	Dificuldades de recuperação de palavras

*FORMA de afasia em que a criança repete mecanicamente palavras ou frases que ouve.
FONTE: Fierro-Cobas; Chan, 2001, tradução nossa.

Já assinalamos que o contato com a língua-alvo em diferentes situações e lugares é um fator importante para o sucesso na aprendizagem, e isso vale também para o bilinguismo infantil. Se a criança é exposta à LE, ouve e usa as duas línguas igualmente, seu padrão de desenvolvimento se assemelha aos padrões de desenvolvimento dos monolíngues. No entanto, é comum as crianças bilíngues terem uma língua dominante, aquela com a qual se sentem mais confortáveis. No entanto, a língua dominante pode não ser a L1 a que ela foi exposta; por exemplo, uma criança de família mexicana que imigra para os Estados Unidos pode vir a usar o inglês como sua língua dominante.

> Importante!
>
> Segundo Grosjean e Byers-Heinlein (2018), a aquisição da linguagem na infância, muitas vezes, segue o princípio, já mencionado, do *use it or lose it* – use-o ou perca-o. É o caso do espanhol na família do exemplo anterior; se não for estimulado, principalmente nas gerações mais jovens, o idioma tende a ser esquecido, pois línguas que não continuam a ser usadas são perdidas, o que pode acontecer tanto com a primeira quanto com as línguas aprendidas posteriormente. Por essa razão, reiteramos que, mais importante do que a idade do primeiro contato com a L2, é continuar a desenvolver e criar situações que estimulem seu uso.

doispontoquatro
Vantagens do bilinguismo

Além de favorecer o desenvolvimento da cognição e de estruturas cerebrais, o bilinguismo pode promover outros benefícios. Para

Baker (2001), há três campos principais que são favorecidos pelo aprendizado de LEs tanto por crianças quanto por adultos, são eles: (1) cultural, (2) afetivo e (3) profissional.

No campo **cultural**, destaca-se a possibilidade de compreender outras culturas, pois língua e cultura são indissociáveis. Essa é uma habilidade importante para criar redes de contato em diferentes lugares do mundo. Além disso, falantes bilíngues tendem a ter atitudes mais positivas e respeito por outras culturas.

Como benefício **afetivo**, podemos citar as oportunidades de relações sociais com pessoas falantes da língua-alvo, seja ela LM, seja LE, seja franca, o que amplia a possibilidade de comunicação com um número maior de pessoas. Falar uma L2 pode, também, aumentar a autoconfiança.

Do ponto de vista **profissional**, falar uma L2 pode garantir melhor empregabilidade, com mais opções de carreiras. Também vale a pena citar a possibilidade de mobilidade acadêmica em outros países. Muitos países oferecem cursos em língua inglesa, mesmo países onde o inglês não é a LM, como Alemanha e Holanda, o que facilita a instrução em instituições de ensino, principalmente superior, nesses países.

Ortega (2013) acrescenta a esse rol a facilidade em aprender uma terceira língua (L3); segundo ela, o conhecimento de duas línguas pode facilitar o aprendizado de outra(s). Aqueles que já falam uma L2 contam com melhores estratégias de aprendizagem, principalmente se uma das línguas já conhecidas apresentar características estruturais semelhantes às da L3.

A autora cita, também, o melhor desenvolvimento do conhecimento metalinguístico desses falantes, ou seja, "o pensamento abstrato que transcende a habilidade em qualquer linguagem específica" (Ortega, 2013, p. 48, tradução nossa).

De acordo com Li (2000), falantes bilíngues têm vantagens comunicativas, cognitivas e culturais, como a facilidade de comunicação com pais e familiares quando eles falam línguas diferentes da nacional; além da comunicação com uma comunidade bilíngue local e/ou internacional, pois o falante bilíngue tem mais oportunidades de comunicação do que o monolíngue. A vantagem cultural está na possibilidade de conhecer e aproveitar culturas diferentes de uma forma que, para o falante monolíngue, não é possível.

Síntese

Neste capítulo, descrevemos como o cérebro organiza e processa as duas ou mais línguas do falante e a capacidade que este apresenta de alterná-las. Conhecemos algumas características e a influência da idade no bilinguismo, a crença *the sooner, the better*, as hipóteses do período crítico e do período sensível. Em acréscimo, introduzimos questões relacionadas ao ambiente, ao *input* e à afetividade na aquisição de idiomas, temas que detalharemos no Capítulo 3. Finalizamos este capítulo expondo algumas das vantagens comunicativas, cognitivas e culturais do falante bilíngue.

Atividades de autoavaliação

1. Quanto ao cérebro do falante bilíngue, assinale V para as afirmativas verdadeiras e F para as falsas:

   (   ) Após atingir a maturação, o cérebro perde sua capacidade de se regenerar.
   (   ) Com raras exceções de caráter médico o ser humano já nasce pronto para desenvolver a linguagem.
   (   ) As principais áreas do cérebro relacionadas à linguagem são a de Broca e a de Wernicke.
   (   ) A neuroplasticidade cerebral diminui com o passar dos anos.
   (   ) Adultos que aprendem uma LE armazenam essa capacidade junto de sua LM.

   Agora, assinale a alternativa que corresponde à sequência correta de preenchimento dos parênteses, de cima para baixo:
   a. V, F, V, F, V.
   b. F, V, V, F, F.
   c. F, F, V, V, F.
   d. F, V, V, F, F.
   e. F, V, V, V, F.

2. Sobre os benefícios cognitivos do falante bilíngue, considere as seguintes proposições:

   I. Falantes bilíngues apresentam atenção seletiva, ou seja, são capazes de se concentrar em tarefas consideradas mais importantes no momento.

II. As línguas faladas pelo bilíngue estão constantemente ativas, mesmo que apenas uma delas esteja sendo utilizada, mantendo-se estáveis ao longo de toda a vida do sujeito.
III. Falantes bilíngues pensam em apenas uma língua, a língua dominante.
IV. A capacidade de falar uma L2 não tem impactos no aparecimento de doenças como demência e Alzheimer.
V. O falante bilíngue sempre demonstra predileção pela cultura associada à sua L2.

Sobre essas proposição, é correto afirmar que:
a. II e IV são verdadeiras.
b. I, II e V são falsas.
c. Todas são falsas.
d. II, III e IV são verdadeiras.
e. Todas são verdadeiras.

3. Leia o texto a seguir sobre diferentes realidades bilíngues e complete-o corretamente:

A família Hernandez é composta de quatro pessoas: os pais, Miguel e Maria, e os filhos Juan, de 13 anos, e Gabi, de 2 anos, todos falantes de espanhol como LM. A família imigrou do Chile para o Canadá e, ao chegarem ao novo país, Maria e Miguel matricularam seus filhos em uma escola regular, onde se falava apenas inglês.

Gabi ainda não tinha muito registro da língua espanhola e aprendeu inglês ao mesmo tempo que o espanhol. Ela é uma bilíngue _____, pois os dois códigos linguísticos foram adquiridos por ela ao mesmo tempo.

Juan já frequentava a escola no Chile. Como adolescente, ele aprendeu inglês na escola canadense, depois de o código linguístico da língua espanhola já estar internalizado. Ele é um bilíngue _____.

Os pais, Miguel e Maria, tiveram contato com a língua inglesa já adultos. Aprendem inglês por meio da língua espanhola, o que os faz bilíngues _____.

De acordo com as teorias sobre tipos de bilinguismo, é correto afirmar que Gabi, Juan e seus pais são, respectivamente, bilíngues:

a. coordenado, composto e composto.
b. composto, coordenado e subordinado.
c. subordinado, composto e coordenado.
d. composto, composto e subordinado.
e. composto, subordinado e coordenado.

4. De acordo com a teoria do período crítico, a melhor época para aprender uma LE é:
a. antes dos 9 anos.
b. depois dos 9 anos.
c. na adolescência.
d. na idade adulta.
e. na terceira idade.

5. Em que se baseia o princípio *use it or lose it*?
a. Se o falante diminui o contato com a língua-alvo, perde conhecimentos.
b. O contato com a LE não é tão importante.
c. A idade com que uma pessoa inicia o estudo de uma L2 é mais importante do que o contato com ela.
d. Fatores sociopsicológicos não afetam a proficiência.
e. Um falante nunca diminui a proficiência em L2, apenas aumenta.

Atividades de aprendizagem

Questões para reflexão

1. Conforme expusemos neste capítulo, a neuroplasticidade responde pelas mudanças no cérebro e explica como ele é capaz de se moldar depois de aprender uma L2. Como essa informação pode auxiliar no aprendizado de LE?

2. A respeito do bilinguismo infantil, quais são os principais estágios do desenvolvimento na aquisição da linguagem de uma criança bilíngue?

Atividade aplicada: prática

1. Observe uma criança bilíngue em diferentes situações, em casa com os pais, com os irmãos, fora de casa com outras crianças e adultos. Preste atenção especial a sua escolha de idioma com pessoas diferentes. Anote as ocasiões em que a criança faz uma escolha "errada", ou seja, usando a língua A quando o destinatário apenas entende ou prefere a língua B.

Existe algum motivo particular para tal escolha (por exemplo, acidental, deliberada)? A criança percebe o equívoco? O que a criança faz quando nota o estranhamento do interlocutor?

Se possível, realize um estudo de caso de uma criança bilíngue com menos de 3 anos. Peça aos pais para manterem um registro semanal dos seguintes aspectos: (a) sua própria escolha de idioma para a criança; e (b) a fala da criança por um longo período de tempo (não menos que seis meses).

um	Bilinguismo: definições e dimensões
dois	O cérebro bilíngue
# **três**	**Bilinguismo e aquisição-aprendizagem de língua estrangeira**
quatro	Educação bilíngue
cinco	O professor e a escola bilíngue
seis	Futuro da educação bilíngue

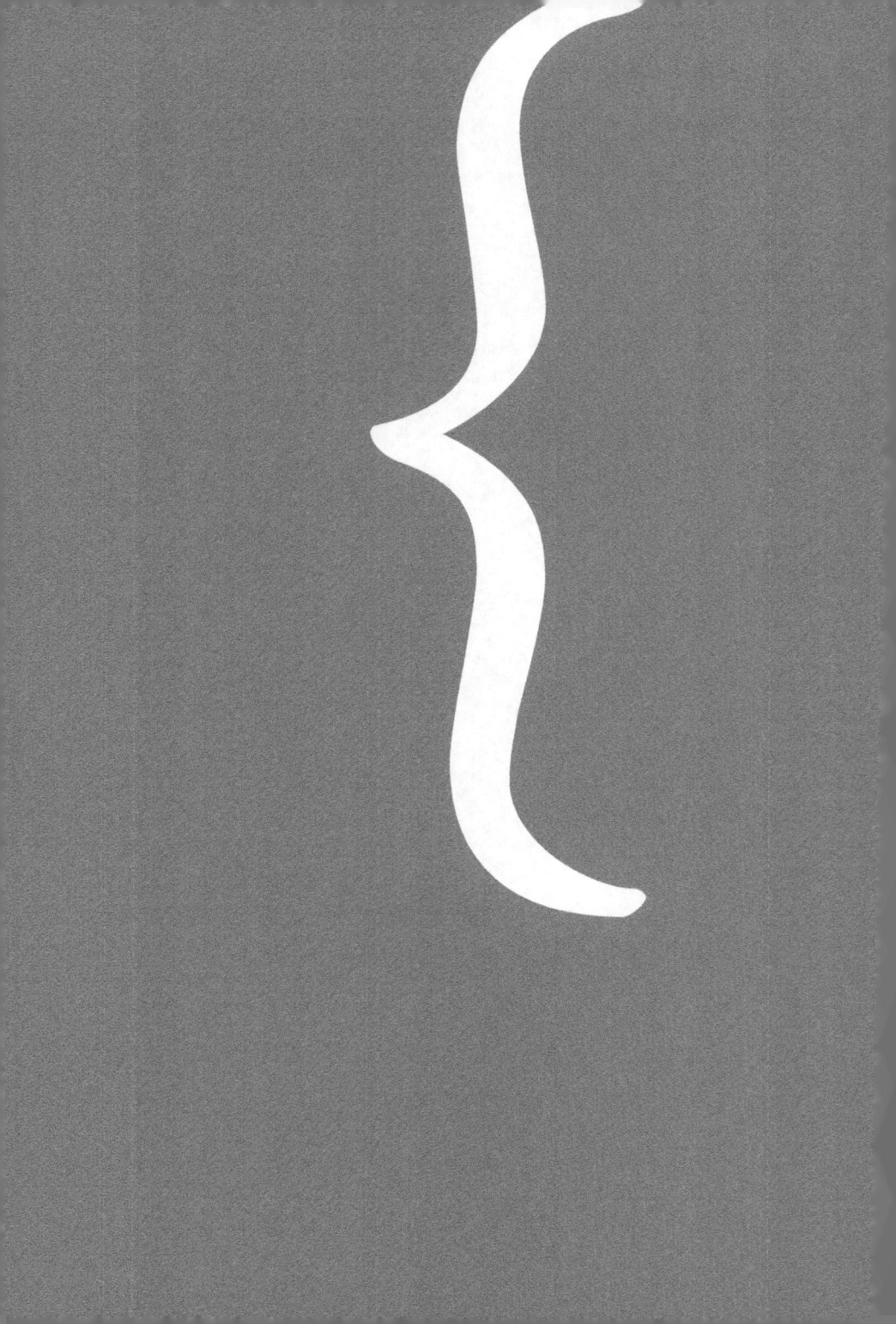

❈ NESTE CAPÍTULO, TRATAREMOS da diferença entre aprendizagem e aquisição no que diz respeito à língua estrangeira (LE) e versaremos sobre algumas de suas principais teorias, métodos e abordagens. Citaremos, ainda, as possíveis influências que a língua materna (LM) ou a primeira língua (L1) tem sobre a LE, gerando fenômenos de *code switching, code mixing,* interlíngua e translinguagem.

trêspontoum
Aprendizagem e aquisição de língua estrangeira

Até este ponto do livro, dedicamo-nos à investigação do bilinguismo; nesta seção, concentraremos nossa abordagem nos fenômenos que o originam: a aprendizagem e a aquisição de LE. Há muitas crenças e mitos relacionados a essa temática, o que, consequentemente, tem impactos no ensino.

Por isso, antes de iniciarmos nossa discussão, convidamos você, leitor, a responder ao questionário a seguir. Não há resposta certa ou errada, apenas alguns pontos para reflexão com base em suas opiniões e crenças sobre o tema. No questionário, marque as opções de 1 a 5, sendo 1 *concordo completamente* e 5 *discordo completamente*.

QUADRO 3.1 – QUESTIONÁRIO APRENDIZAGEM DE LE

	1	2	3	4	5
1. Línguas são aprendidas principalmente por meio da imitação.					
2. Pais geralmente corrigem crianças pequenas quando cometem erros gramaticais em L1.					
3. Pessoas com quociente de inteligência (QI) alto são boas aprendizes de LE.					

(continua)

(Quadro 3.1 – conclusão)

	1	2	3	4	5
4. O principal fator no sucesso de aprendizagem de LE é a motivação.					
5. Quanto mais cedo a LE é introduzida nos programas das escolas, maiores são as chances de sucesso na aprendizagem.					
6. A maioria dos erros cometidos por aprendizes de LE se deve à influência da L1.					
7. Professores devem apresentar uma regra gramatical de cada vez e aprendizes devem praticá-las antes de seguirem para outras.					
8. Professores devem ensinar estruturas simples antes das mais complexas.					
9. Os erros cometidos pelos aprendizes devem ser corrigidos o quanto antes, para evitar formação de maus hábitos.					
10. Professores devem utilizar apenas materiais que exponham os alunos às estruturas já estudadas.					
11. Quando os aprendizes têm a possibilidade de interagir livremente (trabalhos em grupo, atividades em duplas), eles podem assumir como corretas as formas erradas usadas pelos outros.					
12. Aprendizes aprendem o que lhes é ensinado.					

FONTE: Lightbown; Spada, 2013, p. 3-4, tradução nossa.

> ## Para saber mais
>
> Para mais informações sobre o questionário, sugerimos a seguinte leitura:
> LIGHTBOWN, P. M.; SPADA, N. **How Languages Are Learned**. 4. ed. Oxford: Oxford University Press, 2013.

As pesquisas em ensino, aprendizagem e aquisição de LE são de competência da linguística aplicada (LA). Para Lightbown e Spada (2020), essa área concentra-se no desenvolvimento do conhecimento e no uso de uma língua por crianças e adultos que já conhecem pelo menos outra língua. Sua importância reside no pressuposto de que uma compreensão de como as línguas são aprendidas leva a práticas de ensino mais eficazes. Esses estudos são realizados sob perspectivas psicolinguísticas, sociolinguísticas e educacionais.

Ora, convém fornecermos a diferenciação dos dois termos: *aprendizagem* e *aquisição* (em inglês, *learning* e *acquisition*). Para alguns pesquisadores, essa distinção tem-se mostrado cada vez mais útil para explicar fenômenos variados no campo da aquisição de segunda língua (ASL). No entanto, outros autores os usam e os consideram sinônimos. Essa dicotomia transformou-se na questão do conhecimento implícito e explícito e de como ele pode relacionar-se com a memória de longo prazo (Ortega, 2013).

Nesse sentido, Krashen (1981) formulou a **hipótese da aquisição-aprendizagem**, a qual afirma que ASL se processa de forma muito semelhante ao modo como as crianças adquirem a LM ou L1. Isso significa que "requer interação significativa na língua-alvo – comunicação natural – na qual os falantes não estão preocupados com a forma e/ou correção da língua, mas com a mensagem que estão transmitindo e entendendo" (Krashen, 1981, p. 1, tradução nossa). Desse modo, o uso da língua ocorre sem preocupação com a forma.

No processo de **aquisição**, a correção de erros e o ensino explícito de regras não são relevantes, a ideia é que falantes mais experientes (professores, membros da comunidade, pais) possam modificar a linguagem dirigida aos aprendizes para ajudá-los a compreendê-la; essas modificações são pensadas para ajudar no processo de aquisição. Nesse momento, há uma ordem estável de aquisição de estruturas, ou seja, existem semelhanças entre os aprendizes no que se refere às estruturas que serão adquiridas antes e depois (Brown; Dulay; Burt, citados por Krashen 1981). Os adquirentes não precisam conhecer as regras linguísticas de forma consciente, mas podem se autocorrigir com base em uma "percepção" da gramaticalidade.

Já a **aprendizagem consciente** de línguas (*language learning*) utiliza muito a correção de erros e a apresentação de regras explícitas. Consoante Krashen (1981), o propósito da correção é ajudar o aluno a chegar à representação mental correta da língua. Não há uma ordem fixa de aprendizagem, embora os programas de estudos utilizem implicitamente o conceito de aumento de nível de dificuldade gradual, ou seja, do simples ao complexo, e a sequência pode não ser a mesma da sequência de aquisição.

Krashen e Seliger (citados por Krashen, 1981) observaram que todos os sistemas de ensino de línguas desenvolvidos para adultos utilizam atividades em que as regras linguísticas são apresentadas uma de cada vez e sempre há algum tipo de *feedback*, como correção e detecção de erros. Outras características da instrução formal, porém, não são comuns a todos os métodos de ensino. Krashen e Seliger (citados por Krashen, 1981), por exemplo, assinalam que algumas delas, como isolamento de regras e *feedback*, não aparecem em ambientes informais, de modo que não são necessárias, portanto, para que a aprendizagem ocorra.

> Importante!
>
> O convívio em ambientes informais de aquisição de LE pode beneficiar adultos que passaram pela instrução formal. Estudos sugerem que os adultos podem não apenas aumentar sua proficiência em um segundo idioma em ambientes informais, mas também se sair tão bem, ou melhor, do que alunos que passaram um período equivalente em situações formais de aprendizagem (Krashen, 1981; Scovel, 2001).

Outra diferenciação necessária está relacionada à **ASL** e ao **bilinguismo**. Em alguns casos, são entendidos como conceitos distintos; em outros, como sinônimos; ou, ainda, como áreas que se complementam. Contudo, há três grandes diferenças entre essas áreas:

1. A ASL, geralmente, dedica-se ao processo de aprendizagem de LE daqueles que começam a instrução mais tarde, ao passo que o bilinguismo ocupa-se do estudo daqueles que iniciam a aquisição de LE desde cedo.
2. Pesquisadores de ASL concentram-se no processo que leva o aprendiz a tornar-se competente em uma L2, já o bilinguismo concentra-se nos resultados do bilinguismo e nas capacidades bilíngues de crianças e/ou adultos.
3. Pesquisas sobre bilinguismo, normalmente, têm como foco todas as línguas de um indivíduo, e a ASL, tradicionalmente, orienta-se para a LE, a ponto de a L1 ser abstraída do quadro de pesquisas (Krashen, 1981).

trêspontodois
O aprendiz de língua estrangeira: fatores para a aprendizagem e a aquisição

Todo aprendiz é único e carrega consigo um complexo conjunto de fatores que contribuem positiva ou negativamente para seu sucesso na aprendizagem e na aquisição de uma LE. Weinreich (citado por Altenhofen, citado por Kipper, 2012, p. 4) afirma que fatores como "o meio de emprego da língua (oral ou escrito), a ordem de aquisição e a idade, a utilidade para a comunicação, o envolvimento emocional, o papel da língua na promoção social e o valor literário-cultural das línguas envolvidas" também influenciam na capacidade bilíngue dos indivíduos.

Os estudos de ASL enfatizam as etapas pelas quais o aprendiz passa no decorrer do desenvolvimento da LE e os vários fatores que podem contribuir para o sucesso dessa aquisição-aprendizagem em contextos variados, entre eles: os efeitos da idade, as influências interlinguísticas*, o papel do ambiente linguístico e do contexto social e as diferenças individuais entre aprendizes (Finger, 2015). Segundo Almeida Filho (2007, p. 15),

> *Aprender uma LE abrange configurações específicas de afetividade (motivações, capacidade de risco, grau de ansiedade, pressão do grupo) com relação a essa língua-alvo que se deseja e/ou necessita aprender. Dessas configurações de afetividade podem surgir motivação ou resistência em variados matizes.*

Baker (2001) chama atenção para as diferenças individuais do aprendiz de LE relacionadas à autoestima, à competitividade em sala de aula, à independência e às habilidades sociais. Outras características importantes levantadas por alguns autores são a idade em que alguém aprende uma L2 (como referimos no Capítulo 2), sua aptidão para aprender idiomas, estilo cognitivo, motivação, atitude, estilo e estratégias de aprendizagem. Ademais, variáveis de personalidade como a ansiedade podem influenciar fortemente a aquisição de uma L2 (Baker, 2001; Lightbown; Spada, 2013; Ortega, 2013).

---

* Influências formadas por fatores cognitivos, linguísticos e sociais.

Comentaremos, a seguir, sobre alguns fatores e como eles podem influenciar na aprendizagem e na aquisição de LE. Por já termos trabalhado a respeito da idade de aquisição, não repetiremos esse item.

3.2.1 Habilidade e aptidão

É muito comum que alunos, principalmente adultos que têm dificuldades em aprender uma LE, creiam numa suposta falta de aptidão para línguas. E o que seria aptidão? Segundo Carroll (1991), *aptidão* diz respeito às habilidades cognitivas e acadêmicas, em vez dos tipos de habilidade envolvidos na comunicação básica entre duas ou mais pessoas. Os efeitos da aptidão no aprendizado-aquisição de LE podem ser medidos em termos de níveis de proficiência, por meio de testes, não se restringindo a situações formais de aprendizagem, mas se estendendo à aquisição informal (Wen; Biedron; Skehan, 2017).

Nesse sentido, Carroll (1991) propôs que aptidão em LE consiste em quatro habilidades independentes: (1) codificação fonética, (2) sensibilidade gramatical, (3) aprendizagem mecânica e (4) aprendizagem indutiva.

Os termos *aptidão* e *habilidade* são usados, assim, em contextos diferentes, e não com significados distintos. Carroll (1991, p. 86, tradução nossa) definiu *aptidão em LE* como "o estado inicial de prontidão e capacidade de um indivíduo para aprender uma língua estrangeira e provável facilidade em fazê-lo". Assim, a aptidão é como um tipo de habilidade, ou seja, um traço latente, estável, resistente ao treinamento e que se refere ao potencial de realização. Segundo Dörnyei (citado por Wen; Biedron; Skehan, 2017), muitas vezes, habilidade e aptidão, na prática, são usadas como sinônimos.

3.2.2 Atitudes e motivação

Outros fatores que poderiam explicar o fracasso ou sucesso na aprendizagem de uma L2 são as atitudes e a motivação. Gardner (1979) relaciona as atitudes à motivação por servir como suporte da orientação geral do aluno. Para Brown (citado por Ellis, 2015), atitudes são crenças que o aprendiz tem sobre membros da comunidade de falantes da língua-alvo e sua cultura, sobre as línguas estrangeiras e o processo de ensino e aprendizagem de línguas em geral.

Já a motivação, conforme Dörnyei (citado por Baker, 2001, p. 123, tradução nossa),

> [...] *fornece o ímpeto primário para iniciar a aprendizagem no L2 e, mais tarde, a força motriz para sustentar o longo e muitas vezes tedioso processo de aprendizagem [...]. Sem motivação suficiente, mesmo os indivíduos com as habilidades mais notáveis não realizarão seus objetivos de longo prazo; nem os currículos apropriados e o bom ensino por conta própria são suficientes para garantir o desempenho do aluno.*

A motivação em ASL pode ser dividida em dois fatores: (1) necessidades comunicativas dos aprendizes e (2) suas atitudes perante a comunidade de fala da L2. Dependendo das atitudes relacionadas ao aprendizado-aquisição de LE, estas podem ser fonte de enriquecimento ou de ressentimento. Se a única motivação do aprendiz for a pressão externa, a motivação interna será baixa, e as atitudes gerais ligadas ao processo, negativas (Lightbown; Spada, 2013).

Como as atitudes positivas e a motivação estão intimamente ligadas ao sucesso do processo de aquisição-aprendizagem de LE, Dörnyei (citado por Baker, 2001) elaborou uma lista de ações recomendadas aos professores para motivar os aprendizes e tornar suas atitudes mais positivas:

- Fornecer um exemplo pessoal com seu próprio comportamento linguístico.
- Criar um ambiente agradável e descontraído em sala de aula, reduzindo a ansiedade.
- Apresentar as tarefas linguísticas com atenção e cuidado.
- Desenvolver um relacionamento amigável com os alunos.
- Aumentar a autoconfiança dos alunos na L2.
- Tornar as aulas animadas e interessantes.
- Promover a autonomia do aluno.
- Personalizar o processo de aprendizagem.
- Aumentar a orientação para o objetivo de cada aluno.
- Familiarizar os alunos com a cultura ligada ao idioma que está sendo aprendido.

Essas ações simples podem causar efeitos positivos na prática do professor, resultando em aumento da autoestima do aprendiz.

3.2.3 Inteligência e personalidade

No senso comum, acredita-se que o aprendizado de um segundo idioma ou mais está frequentemente ligado à habilidade geral do aluno, ou seja, a sua inteligência. E o que é inteligência? Segundo McDonough (citado por Ellis, 2015, p. 126), "refere-se mais à capacidade do que ao conteúdo da mente", ou seja, à habilidade de aprender, e não ao conhecimento em si.

Muitos pesquisadores utilizaram testes de quociente de inteligência (QI) para verificar se existia alguma ligação entre esse índice e a aquisição-aprendizagem de LEs. Os resultados obtidos foram interessantes e mostraram que o fator inteligência está ligado a habilidades como leitura, conhecimentos gramaticais e vocabulário, aqueles mais utilizadas no estudo formal de uma língua, não se relacionando à produção oral ou à compreensão auditiva (Baker, 2001; Lightbown; Spada, 2013).

Cada sujeito apresenta comportamentos, atitudes, crenças e ações particulares. Essas características pessoais formam sua personalidade e podem interferir em várias áreas da vida, inclusive na acadêmica e, consequentemente, na aprendizagem e na aquisição de LE.

Estudos que investigam como a personalidade pode influenciar na ASL baseiam-se na crença de que os alunos não só utilizam suas habilidades cognitivas na aprendizagem e na aquisição de L2, mas também suas características afetivas. Algumas dessas características são consideradas positivas, mas outras podem ser obstáculos para o sucesso da aprendizagem.

As pesquisas ainda são inconclusivas, mas é razoável afirmar que a personalidade pode afetar a aquisição de competências comunicativas (Ellis, 2015; Lightbown; Spada, 2013). Pessoas extrovertidas tenderiam a ser boas aprendizes por terem assertividade e estarem mais dispostas a se arriscar, principalmente com relação às competências orais. Já os introspectivos podem se sair bem em ambientes formais, mas a inibição os desencoraja a se arriscarem, o que é necessário para o progresso em L2. Isso pode ser mais forte e prejudicial em aprendizes adolescentes, uma vez que estes costumam ser mais introvertidos.

> **Importante!**
>
> Ellis (2015) afirma que os efeitos da personalidade na ASL são difíceis de investigar, pois não são simples de definir e medir. Além disso, a maioria dos traços de personalidade são dinâmicos e podem mudar dependendo da situação. É aconselhável que o professor busque reconhecer a personalidade dos alunos, a fim de fornecer instrução adequada e criar uma atmosfera favorável para a aprendizagem.

Nesse âmbito, é imperioso citar as competências socioemocionais. De acordo com a Base Nacional Comum Curricular (BNCC), assim como o desenvolvimento cognitivo, essas competências devem ser valorizadas e permear todas as dez competências gerais; a promoção da educação socioemocional nas mais diferentes situações, dentro e fora da escola, ocorre por meio do desenvolvimento das cinco competências: (1) autoconsciência, (2) autogestão, (3) consciência social, (4) habilidades de relacionamento e (5) tomada de decisão responsável (Brasil, 2018).

> **Para saber mais**
>
> Para obter mais informações sobre as competências socioemocionais, confira:
>
> BRASIL. Ministério da Educação. **Base Nacional Comum Curricular. Competências socioemocionais como fator de proteção à saúde mental e ao bullying.** Disponível em: <http://basenacionalcomum.mec.gov.br/implementacao/praticas/caderno-de-praticas/aprofundamentos/195-competencias-socioemocionais-como-fator-de-protecao-a-saude-mental-e-ao-bullying>. Acesso em: 15 mar. 2023.

3.2.4 Estilos de aprendizagem

Em uma sala de aula com 30 alunos, haverá 30 pessoas com estilos e estratégias de aprendizagem únicos; isso porque cada um tem personalidade e estilo cognitivo próprios. Rubin (citado por Larsen-Freeman, 1991, p. 199, tradução nossa) define *estratégias* como "técnicas ou artifícios que o aprendiz pode utilizar para adquirir conhecimento". Ortega (2013, p. 208, tradução nossa) complementa que "são procedimentos mentais e comportamentais conscientes pelos quais as pessoas se engajam com o objetivo de obter controle sobre seu processo de aprendizagem".

De acordo com O'Malley e Chamot (citado por Baker, 2001, p. 128), as estratégias de aprendizagem podem ser classificadas como **metacognitivas** (atenção seletiva, planejamento, monitoramento, avaliação), **cognitivas** (ensaio, organização, inferência, sumarização, dedução, imaginação, transferência, elaboração) e **socioafetivas** (cooperação, questionamento para esclarecimentos e conversa interna).

Levando em conta tais estratégias e estilos, alguns pesquisadores começaram a se questionar sobre o que seria necessário para alguém ser considerado um bom aprendiz de LE. As primeiras descobertas indicaram que, além da aptidão e da motivação, os "bons" alunos demonstravam alto grau de envolvimento ativo em seus processos de aprendizagem (Ortega, 2013).

Rubin (citado por Baker, 2001) e Naiman et al. (citados por Ortega, 2013) se empenharam para responder à questão e criaram listas de estratégias com os atributos desses "bons" alunos. Os estudiosos sugeriram que bons aprendizes de L2 estão dispostos a adivinhar, são comunicativos, menos ansiosos no contato com a LE, estão dispostos a cometer erros, procuram padrões e analisam a linguagem, buscam oportunidades de praticar e analisam o próprio desempenho, bem como a linguagem dos outros.

A respeito do professor e de como ele pode utilizar as características de aprendizagem de seus alunos, Baker (2011, p. 129, tradução nossa) afirma que

> *O professor(a) deve considerar as estratégias do aluno em razão da importância de compreender os aspectos sociais e afetivos da aprendizagem, juntamente com os aspectos cognitivos. Devemos, então, usar estratégias afetivas e sociais, bem como estratégias relacionadas intelectualmente, para promover a aprendizagem eficaz de uma segunda língua. Ajudar alunos individuais*

a localizar as estratégias específicas mais relevantes para seus estilos de aprendizagem e desenvolver estratégias orquestradas pode facilitar o aprendizado de uma segunda língua.

Essas diferenças na abordagem da aprendizagem evidenciam que não existem alunos iguais e, por consequência, não há métodos, abordagens ou materiais perfeitos, os quais sejam capazes de atender às necessidades de todos os aprendizes.

trêspontotrês
Principais teorias e hipóteses em ASL

De acordo com Larsen-Freeman (1991), teoria é algo não muito formal ou explícito, síntese do que é sabido em dado momento sobre um fenômeno natural, como os fatores envolvidos na aquisição e na aprendizagem de LE.

Algumas teorias foram propostas ao longo dos anos com o objetivo de dar conta do estudo sobre aprendizagem e aquisição de L2. Muitas delas são próximas às teorias de aquisição de L1, baseando-se, principalmente, nas características inatas; outras enfatizam o papel fundamental do ambiente para moldar a aprendizagem; e há, ainda, aquelas que integram as características do aprendiz a seu ambiente como forma de explicar o modo como a aprendizagem de L2 ocorre (Lightbown; Spada, 2013).

Segundo Lightbown e Spada (2020, p. 117, tradução nossa), "todas as teorias de aquisição de linguagem têm como objetivo explicar o funcionamento da mente humana e todas usam metáforas para representar essa realidade invisível". Como já comentamos, existem várias teorias e hipóteses sobre ASL, mas, aqui, optamos por focar em cinco delas, a saber: (1) behaviorista, (2) modelo monitor, (3) teoria da gramática universal, (4) cognitivista e (5) interacionista.

3.3.1 Teoria behaviorista

Para os behavioristas, sustentados na psicologia behaviorista de John B. Watson (1878-1958) e Burrhus F. Skinner (1904-1990) e na linguística estrutural de Leonard Bloomfield (1887-1949), toda aprendizagem, verbal ou não, ocorre por meio de um mesmo processo: a **formação de hábitos**. Nessa perspectiva, os falantes receberiam *input* linguístico e reforço positivo, resultando na formação de hábitos. Os erros seriam, então, hábitos da LM que interferem na L2 (Lightbown; Spada, 2013).

> Preste atenção!
>
> *Input*, de acordo com VanPatten e Cadierno (1993), é o que o aprendiz ouve e lê na busca de significado, sendo que uma informação somente pode ser considerada *input* se for compreensível pelo aprendiz.

Os behavioristas consideram que a língua é um conjunto limitado de estruturas básicas, tanto sintáticas quanto sonoras, usadas em inúmeras variações. Segundo eles, quanto mais diferentes forem as estruturas de duas línguas, mais difícil será o aprendizado-aquisição da segunda (Paiva, 2014). Entretanto, pesquisadores identificaram que aprendizes têm intuição relacionada a certas características de suas LMs menos transferíveis à estrangeira, como expressões idiomáticas e metafóricas (Lightbown; Spada, 2013).

A teoria behaviorista foi criticada por alguns pesquisadores, entre eles o linguista estadunidense Noam Chomsky (1928-), para quem ela estaria a falhar ao não considerar a estrutura interna do processamento do *input* e a organização do comportamento linguístico. Segundo Paiva (2014), a queda do behaviorismo fez os estudos de ASL se encaminharem para outro extremo, que abandonava a visão empirista em prol de uma perspectiva mentalista.

3.3.2 Modelo monitor ou hipótese do *input*

Fortemente influenciado pela concepção de língua e aquisição de Chomsky, Stephen Krashen (1947-) propôs o modelo monitor. Para ele, os ambientes formais e informais contribuem de modos diferentes para o desenvolvimento do conhecimento linguístico. O ambiente informal fornece o *intake** (insumo linguístico), e o formal, a sala de aula, favorece o desenvolvimento do monitor,

---

* Trata-se da porção de *input* que o aprendiz processa na memória (VanPatten, 1990 citado por Megale, 2020).

aquele que usa o conhecimento da gramática para "editar" a produção linguística (Paiva, 2014). Nesse modelo, Krashen apresenta cinco hipóteses para a aquisição e a aprendizagem de LE: (1) monitor, (2) dicotomia aquisição-aprendizagem, (3) ordem natural, (4) *input* e (5) filtro afetivo.

A **hipótese do monitor** tem como elemento central aprendizes adultos, que, de acordo com Krashen, têm sistemas independentes para lidar com o processo de aquisição-aprendizagem: um relacionado à aquisição subconsciente e outro ao aprendizado consciente.

Na **hipótese da dicotomia aquisição-aprendizagem**, o sistema de aquisição é o responsável pela fluência e pelos julgamentos intuitivos relacionados à correção. Nessa relação, o sistema aprendido atua como editor, ou monitor, fazendo pequenas mudanças e correções no que foi produzido pelo sistema de aquisição (Krashen, 1981).

Segundo a **hipótese da ordem natural**, o sujeito aprende uma língua em uma sequência previsível. Contudo, contrariando a crença popular, nem sempre as regras mais fáceis são aprendidas antes. Para Krashen (1981), essa ordem natural independe da sequência nas quais as regras foram ensinadas. Ele acrescenta que só se aprende uma L2 se houver *input* compreensível, ou seja, quando há comunicação acessível (Krashen, 1981).

A última hipótese é a do **filtro afetivo**. Esse filtro funciona como uma barreira que desestimula os aprendizes de utilizarem o *input* disponível. Isso acontece em razão de necessidades, atitudes e estados emocionais dos alunos. Esse efeito se acentua quando os alunos se sentem estressados, e se atenua quando eles se sentem motivados (Krashen, 1981; Lightbown; Spada, 2013).

Alguns pesquisadores – entre eles Ellis, Gass e Selinker; MacLaughlin; e Mitchel e Myles – refutam as hipóteses e teorias de Krashen por tratarem de consciência e inconsciência, o que, segundo eles, não pode ser empiricamente verificado (Paiva, 2014).

3.3.3 Teoria da gramática universal

A teoria da gramática universal, de Chomsky, não foi concebida especificamente para a aquisição de L2, mas pesquisadores de aquisição e aprendizagem de LE adaptaram-na para a realidade de ASL. Na teoria original, Chomsky afirma que a capacidade de linguagem é inata para os seres humanos, o que ele chama de *gramática universal* (GU). Sem isso, a aprendizagem de língua, seja a L1, seja a L2, seria impossível, pois apenas *input* não é suficiente (Larsen-Freeman, 1991). Segundo Paiva (2014, p. 74), a teoria chomskiana propõe-se a responder três questões: "(1) O que constitui o conhecimento de língua? (2) Como o conhecimento da língua é adquirido? (3) Como o conhecimento da língua é posto em uso?".

Na concepção de Chomsky (citado por Paiva, 2014, p. 66, 75), língua é "um conjunto (finito ou infinito) de frases, cada uma finita no seu tamanho e construída a partir de um conjunto finito de elementos"; e o conhecimento de uma língua é uma "representação mental inconsciente que subjaz a toda língua em uso". A GU tem como premissa a ideia de que o conhecimento linguístico é homogêneo e, assim, ignora variáveis (Ellis, 2015).

Esta teoria também afirma que o usuário da língua pode produzir muito mais do que ouve, o que não seria apenas um mecanismo de processamento de *input*, mas de ação sobre ele. Chomsky denomina essa estrutura de *competência*, que não deve ser confundida com *performance*. Assim, os falantes de uma língua apresentariam princípios e parâmetros capazes de moldá-la.

Lightbown e White (citados por Paiva, 2014), referindo-se à ASL, entendem que isso explicaria a dificuldade que alunos adultos encontram ao se proporem a aprender uma LE, uma vez que eles não têm acesso à GU ou ela está competindo com outros sistemas cognitivos*.

3.3.4 Teoria cognitivista

De acordo com os cognitivistas, aprender uma L2 é construir um sistema de conhecimento que, eventualmente, se tornará automático para fala e compreensão. O objetivo é que o processo de aquisição seja gradual até que parte de seu conhecimento seja utilizado de forma rápida e automática, sem que se possa perceber (Lightbown; Spada, 2013).

Segundo esse modelo, também conhecido como *cognitivo-interacionista*, a aquisição e a aprendizagem de L2 são como uma transição da atenção à norma interna para a externa. Para

---

* "A cognição humana decorre da capacidade desenvolvida por homens e mulheres para criação ou composição de representações mentais e processos imaginativos, partindo da memória de sensações, sentimentos e ideias. Essas criações ou composições são provocadas por perturbações internas que, em parte, decorrem diretamente dos estímulos recebidos do ambiente no qual os seres humanos são inseridos" (Santos; Souza, citados por Silva et al., 2011, p. 26).

seu criador, Roger Andersen (citado por Paiva, 2014, p. 162-163), trata-se, basicamente, de um modelo psicolinguístico, cuja tarefa principal de aprendizagem é "conseguir colocar a língua que está fora da cabeça do aprendiz para dentro de sua cabeça".

Desse modo, Andersen propõe um modelo de desenvolvimento de **interlíngua**, usando como base o modelo de aquisição da L1. Conforme Selinker (citado por Scovel, 2001), interlíngua corresponde ao desenvolvimento da competência dos falantes de LE desde seu estágio inicial de conhecimentos limitados até um estágio final, com conhecimentos linguísticos mais avançados. Aprofundaremos a abordagem desse conceito adiante, neste capítulo.

Em consonância com a teoria cognitivista, no aprendizado formal em sala de aula, a língua é apresentada em partes e em sequência e, na prática, cabe ao aprendiz colocá-la em ordem em um contexto natural (Paiva, 2014). Dessa teoria, podemos destacar algumas perspectivas, a saber: (a) os aprendizes se comunicam com uma competência mínima; (b) essas tentativas também são oportunidades para perceber os dispositivos linguísticos utilizados pelos falantes nativos; (c) esses dispositivos são incorporados pelo aprendiz a sua interlíngua; (d) essa representação interna permanece diferente do que é para um nativo; (e) a incorporação de novos dispositivos linguísticos se adequa à interlíngua do aprendiz e não carrega sua função ou distribuição completa; (f) ao longo do tempo, o aprendiz vai refinando seu sistema se as condições forem favoráveis (Paiva, 2014).

3.3.5 Teoria interacionista

É consenso que aprender uma língua implica interagir com outros falantes. Para isso, aprendizes e falantes experientes ajustam sua fala de modo que consigam compreender e se fazer compreender. Eis aí um dos fundamentos do interacionismo: o elemento crucial para aquisição de língua é a modificação do *input* ao qual os aprendizes são expostos. Essas modificações seriam feitas tanto por aprendizes quanto por falantes proficientes ou nativos.

Para Long (citado por Lightbown; Spada, 2013, p. 29-30, tradução nossa), um dos proponentes da visão interacionista, um *input* compreensível promove a aquisição, e "aprendizes de língua precisam ser participantes ativos quando recebem *input*, pois ouvir apenas novas estruturas linguísticas não é suficiente para a aprendizagem bem-sucedida de uma língua". Para isso, é necessário integrar as hipóteses do *input* e do *output**, conforme defendem Krashen e Swain (citados por Paiva, 2014), respectivamente.

Conforme Hatch (citada por Paiva, 2014), o aprendiz de L2 utiliza estratégias similares às das crianças que aprendem L1. Esse aprendiz, ao interagir com os falantes da língua-alvo, vale-se de repetições, ajustes, pedidos de repetição e esclarecimento, além dos gestos; após identificar o tópico de uma conversa, por exemplo, pode "usar seu conhecimento de mundo e do discurso em sua própria língua para prever a continuidade da conversa e assim tentar se engajar na interação" (Hatch, citada por Paiva, 2014, p. 100).

---

* Enunciados produzidos pelos aprendizes (Paiva, 2014).

trêspontoquatro
Principais métodos e abordagens de aquisição de segunda língua

Sempre houve a preocupação de definir, explicar e refletir sobre o processo de ensino e aprendizagem de LEs, na busca de se sistematizar a maneira como ensinar e aprender/adquirir uma LE. Nos últimos 100 anos, segundo Richards e Rodgers (1999), estamos vivendo a "era dos métodos", pautados em diversas teorias e pesquisas voltadas ao interesse de descobrir a melhor maneira de se ensinar e formas eficazes de se aprender.

 Toda pessoa que já passou pela experiência de aprendizagem formal de uma L2 ouviu os termos *metodologia*, *método* e *abordagem*. Essas palavras designam conceitos comuns na área de ASL, um dos campos mais férteis da LA. Por isso, convém apresentarmos sua definição.

 Richards (1984), define *metodologia* como a união de atividades, tarefas e experiências escolhidas e utilizadas pelo professor para atingir o objetivo de aprendizagem desejado. Moran (2018, p. 28) declara que "metodologias são grandes diretrizes que orientam os processos de ensino e aprendizagem e que se concretizam em estratégias, abordagens e técnicas concretas, específicas e diferenciadas".

 Já *abordagem* é definida por Richards e Rodgers (1999, p. 14, tradução nossa) como "teorias sobre a natureza e o aprendizado da língua que servem de fonte para as práticas e os princípios no ensino de idiomas". De acordo com Almeida Filho (2007), trata-se da filosofia de trabalho, a força capaz de orientar as decisões e as ações do professor nas mais diversas fases do processo de ensino e aprendizagem de LE. O autor acrescenta: "a análise de uma abordagem é capaz de esclarecer por que os professores ensinam como ensinam e os alunos aprendem como aprendem" (Almeida Filho, 2007, p. 14). Essas abordagens podem ter foco na gramática, em gêneros linguísticos ou no léxico.

Por sua vez, *método* é o que permite colocar a abordagem em prática, é um projeto de ensino erigido sobre uma abordagem particular. Métodos, geralmente, são centrados na língua, no aluno ou no aprendizado (Kumaravadivelu, 2003).

Em suma: abordagem é a teoria; o método, a prática; e a metodologia, os procedimentos orientados pela experiência do professor.

> ### Preste atenção!
>
> Como professora de língua inglesa, sempre ouço a pergunta: Qual é o melhor método para aprender uma LE? Minha resposta sempre foi: Depende. E, na verdade, pesquisas recentes mostram que, de fato, não há um método melhor ou pior (Larsen-Freeman; Anderson, 2011). Para Prabhu (2001), determinar o melhor método depende da experiência do professor em sua atuação em um ambiente real e exclusivo de ensino de línguas, no contato direto com os aprendizes e no dia a dia em sala de aula.

As pesquisas em ASL produziram várias teorias e hipóteses, como já declaramos, e, consequentemente, várias abordagens e métodos fundamentados nelas. Para Richards e Rodgers (1999), a sempre crescente quantidade de métodos e abordagens para ensino de L2 é um sinal de crescimento da área, do interesse pela aquisição e aprendizagem de LEs e pelo desejo de encontrar maneiras mais eficientes e eficazes de ensinar línguas. Para os autores, os métodos baseiam-se em visões muito diferentes do que é a língua e de como ela é aprendida.

O campo que pesquisa o desenvolvimento de novos métodos para ASL passou por várias mudanças ao longo da história, as quais refletiam o tipo de proficiência desejado pelos falantes, como a maior necessidade de comunicação oral em vez da leitura. O desejo e/ou a necessidade pelo aprendizado e aquisição de uma ou mais LEs não é algo novo e sempre esteve ligado à consciência cultural, ao desenvolvimento cognitivo, afetivo e profissional (Baker, 2001). Antigamente, isso não era diferente, a LE mais estudada há cerca de 500 anos era o latim. Na época, o objetivo era atingir proficiência para leitura com o objetivo de se estudar os clássicos. Os alunos aprendiam por meio da análise gramatical, método que se tornou padrão para aprendizagem de LE. Surgia, dessa forma, o primeiro método para ensino de LE: o método da gramática e tradução.

O número exato de métodos e abordagens utilizados atualmente é incerto. Pesquisadores afirmam que ainda estão vigentes 11 métodos em várias partes do mundo (Larsen-Freeman; Richards; Rodgers, citados por Kumaravadivelu, 2003). São eles:

1. Método da gramática e tradução
2. Método direto
3. Método audiolingual
4. Abordagem comunicativa
5. Aprendizagem de língua comunitária
6. Abordagem natural
7. Abordagem oral
8. Método silencioso
9. Ensino de linguagem situacional
10. Sugestopédia
11. Resposta física total

Na sequência, trataremos de quatro deles: (1) o método da gramática e tradução, (2) o método direto, (3) o método audiolingual e (4) a abordagem comunicativa, bem como do que também ficou conhecido como *pós-método*.

3.4.1 Método da gramática e tradução (ou método tradicional)

O método da gramática e tradução foi desenvolvido no século XVIII para as escolas secundárias da Prússia. Nesse método, o aluno buscava a compreensão da leitura nas LEs, principalmente as clássicas, como latim e grego. O principal objetivo era "a leitura através do estudo da gramática e a aplicação desse conhecimento na interpretação de textos com o apoio de um dicionário" (Paiva, 2022). As principais características desse método, de acordo com Richards e Rogers (1999), são:

- aulas conduzidas na LM do aprendiz;
- ensino de lista de vocabulários;
- análise detalhada da gramática;
- memorização de regras e fatos;
- foco na precisão das traduções, no uso de vocabulário e nas regras gramaticais;
- estudo das regras gramaticais e práticas por meio de exercícios de tradução;
- pouca ou nenhuma atenção à pronúncia.

É certo que essas características são um tanto ultrapassadas, mas, conforme Paiva (2022), ainda se podem perceber os ecos do método da gramática e tradução. Isso se deve ao fato de que, segundo ela, "muitas das experiências de ensino e aprendizagem privilegiam o estudo sobre a língua e a manipulação de estruturas sintáticas" (Paiva, 2022). Portanto, a língua ainda é vista apenas como um sistema de regras, e não como um instrumento de comunicação.

3.4.2 Método direto

O método direto surgiu no final do século XIX. Com ele, pela primeira vez, a língua foi vista como uma capacidade natural compartilhada por todos. Orientados por princípios naturalistas que entendiam que o aprendizado de uma L2 poderia ser semelhante ao da LM, tal método era uma resposta à crescente necessidade de habilidades para comunicação oral, em razão da mudança do perfil do aprendiz, afetado por movimentos migratórios e pelo comércio internacional. A finalidade era a comunicação – as aulas eram todas ministradas na língua-alvo, sem interferência da LM – e o uso da língua deveria ser espontâneo, com pouca ou nenhuma análise gramatical (Richards; Rogers, 1999).

Contudo, na prática, a gramática continuava em foco, pois os materiais eram estruturados mediante a gradação de estruturas gramaticais, com exemplos pobres e constituídos por frases artificiais e descontextualizadas.

As principais características do método direto são, conforme Richards e Rogers (1999, p. 11, tradução nossa):

- aulas totalmente conduzidas na língua-alvo;
- uso de frases e vocabulário cotidianos;
- habilidades de *speaking* desenvolvidas de forma gradual, por meio de trocas de perguntas e respostas entre professores e alunos em turmas pequenas;
- gramática ensinada de forma indutiva;
- novos temas introduzidos oralmente;
- vocabulário ensinado por meio de demonstrações, objetos e imagens, e vocabulário abstrato, ensinado por associação de ideias;
- *speaking* e *listening* ensinados;
- ênfase na pronúncia e na gramática corretas.

O método direto foi popular no início do século XX, principalmente em escolas de idiomas que podiam contratar professores nativos. Nas escolas públicas, não obteve sucesso, pois a falta de orçamento, o tamanho das turmas e a formação dos professores mostraram-se empecilhos para sua implantação.

O método apresentava várias desvantagens, principalmente para o professor, pois lhe era exigido que fosse falante nativo ou tivesse fluência nativa na LE, e nem todos os professores eram proficientes para aderir a esse princípio, que dependia mais da habilidade do professor do que do método propriamente dito (Brown, 2001).

3.4.3 Método audiolingual

O método audiolingual foi formulado durante a Segunda Guerra Mundial como uma resposta à crescente necessidade de se ensinar LEs de forma rápida aos soldados americanos, tendo como centro a oralidade. É fundamentado na linguística estruturalista e na psicologia comportamental (ou behaviorismo), segundo as quais a aprendizagem acontece por meio de formação de hábitos e de estímulo e resposta. A língua "passa a ser vista como um conjunto de hábitos a serem automatizados e não mais como um conjunto de regras a serem memorizadas" (Paiva, 2022).

Essa formação de hábitos é incentivada por meio da repetição de exercícios (*drills*) que buscam treinar os alunos no uso de padrões de frases gramaticais. Na esteira desse pensamento, acredita-se que os alunos possam dominar os hábitos de sua LM e dar lugar a novos, necessários para serem falantes da língua-alvo (Larsen-Freeman; Anderson, 2011). Além disso, o método prevê uma sequência natural na ordem de aquisição e aprendizado da LE, similar à da aquisição de L1, ou seja, compreensão auditiva, produção oral, compreensão textual e, finalmente, produção textual.

Segundo Richards e Rogers (1999, p. 44-51, tradução nossa), outras características são:

- aulas na língua-alvo;
- foco na oralidade;
- pronúncia precisa;
- professor no centro do processo;
- padrões estruturais são ensinados por meio de exercícios de repetição (*drills*);
- correção imediata dos erros pelo professor;
- erros formam maus hábitos;
- ensino indutivo da gramática em vez de dedutivo;
- ensino do sistema cultural das pessoas que falam a língua-alvo.

O método audiolingual atingiu seu ápice nos anos 1960, inclusive no Brasil. No entanto, com o tempo e por meio de pesquisa, constatou-se que nem sempre era possível aos alunos transferir as habilidades adquiridas para a comunicação real fora de sala de aula. A língua gerada era automática e ignorava a criatividade do falante. Era formada por "frases feitas", disparadas automaticamente, como as tradicionais *"How are you?"*, *"I'm fine, thanks, and you?"*, sendo que há muitas respostas para perguntas como essas.

Alguns pesquisadores também criticaram o método, um deles foi o linguista estadunidense Noam Chomsky, que rejeitou a abordagem estruturalista da linguagem, bem como a teoria behaviorista da aprendizagem. Segundo ele, a língua não é uma estrutura de hábito, envolvendo também inovação, formação de novas frases e padrões, de modo que frases não são aprendidas por imitação e repetições, mas geradas pela competência linguística do aluno (Chomsky, citado por Richards; Rogers, 1999).

Era preciso considerar a criatividade e a singularidade do falante e, com esse objetivo, construiu-se uma nova abordagem: a comunicativa.

3.4.4 Abordagem comunicativa

A competência comunicativa é o objetivo do ensino de línguas. Educadores e pesquisadores avaliaram, nos anos 1960 e 1970, que os métodos disponíveis até então não estavam cumprindo essa finalidade. Os aprendizes eram capazes de produzir frases gramaticalmente corretas durante a aula, mas não conseguiam utilizá-las em um contexto de comunicação real. Eles conheciam as regras, mas eram incapazes de usar o idioma, de se comunicarem efetivamente. No final dos anos 1970, essas observações contribuíram para a transição de uma abordagem centrada na estrutura linguística para uma abordagem comunicativa (Larsen-Freeman; Anderson, 2011).

Richards e Rogers (1999, p. 66, tradução nossa) explicam que a abordagem comunicativa visa: "(a) fazer da competência comunicativa o objetivo do ensino de línguas; e (b) desenvolver procedimentos para o ensino das quatro competências linguísticas que reconhecem a interdependência da língua e da comunicação".

Para Almeida Filho (2007), ela tem como foco o sentido, o significado e a interação entre sujeitos na LE. Seu objetivo é organizar as experiências de aprendizagem por meio de atividades relevantes, de interesse e/ou necessidade do aluno, de modo que ele se torne capaz de utilizar esses conhecimentos na interação com outros falantes da língua-alvo.

Surgiram, então, perguntas sobre o que caracterizaria a competência comunicativa e como atingi-la. Hymes (1972) afirma que ser capaz de se comunicar exige, mais do que apenas competência linguística, saber como a língua é usada pelos membros de uma comunidade de fala. Canale e Swain (citado por Richards; Rogers, 1999) apontam quatro dimensões da competência comunicativa*: (1) gramatical, (2) sociolinguística, (3) discursiva e (4) estratégica.

O professor adepto da abordagem comunicativa é um mediador da aprendizagem. Ele deve promover situações de uso da língua e encorajar a cooperação e a comunicação entre os alunos. Algumas das técnicas utilizadas são diálogos, *drills*, dramatizações (*role plays*), discussões, entrevistas e trabalhos em dupla. As principais características dessa abordagem são, segundo Paiva, (2022):

- língua como discurso, ou seja, um sistema para expressar sentido;
- ensino da língua e não sobre a língua;

---

* Competência gramatical é o que Chomsky chama de *competência linguística*, o domínio da capacidade gramatical e lexical. Competência sociolinguística refere-se à compreensão do contexto social no qual a comunicação acontece, envolvendo relacionamentos, informações compartilhadas e o propósito comunicativo de sua interação. **Competência discursiva** diz respeito à interpretação de elementos individuais da mensagem, como se conectam e como seu significado é representado. **Competência estratégica** é a capacidade de usar meios para iniciar, encerrar, manter, reparar e redirecionar a comunicação, principalmente em casos em que há falha de conhecimentos linguísticos. Algumas dessas estratégias são lentificação da fala, repetição e ênfase em certas palavras (Paiva, 2022).

- percepção de que a função principal da língua é a interação com propósitos comunicativos;
- contato com amostras de língua autêntica;
- a importância da fluência se iguala á da precisão gramatical;
- competência construída pelo uso da língua;
- estímulo a criatividade dos alunos;
- erro como testagem de hipóteses;
- reflexão sobre os processos de aprendizagem estimulada com vistas à autonomia dos aprendizes;
- sala de aula organizada para a aprendizagem colaborativa.

Assim, a aprendizagem da língua, antes relegada a um trabalho segmental, cujo foco estava nela mesma como objeto de estudo, passou a estar centrada nos contextos autênticos e nas situações de uso (Richards, 1984; Larsen-Freeman, 2011).

trêspontocinco
Pós-método

Os métodos vêm e vão e alguns permanecem "na moda" por algum tempo, mas logo são substituídos por outros, mais novos e modernos, que viram tendência e prometem milagres. Para Rivers (citado por Kumaravadivelu, 2003, p. 24, tradução nossa), um método novo é uma variante dos já existentes, apresentado com "a pintura fresca de uma nova terminologia que camufla sua semelhança fundamental".

A crítica de Kumaravadivelu (2003) aos métodos dirige-se ao fato de que nenhum deles pode prever condições negativas e, com isso, fornecer sugestões para os professores encontrarem respostas rápidas para enfrentar os desafios diários que encontram em suas aulas.

O pós-método, ante essa realidade, visa fornecer ao professor mais autonomia, aliando sua competência e confiança para construir e implementar a própria teoria da prática. O aluno do pós-método, assim como o professor, é mais autônomo e está no controle de sua aprendizagem. Kumaravadivelu (2001, p. 24, tradução nossa) declara que "a riqueza de informações agora disponíveis sobre estratégias e estilos de aprendizagem abre oportunidades para que os alunos monitorem seu processo de aprendizagem e maximizem seu potencial de aprendizagem".

Para Kumaravadivelu, o conceito de método é algo ultrapassado, pois é construído por especialistas da área, que não contemplam o que os professores realmente fazem em sala de aula. Conforme o autor, "a pedagogia pós-método nos permite ir além e superar as limitações da pedagogia baseada no método" (Kumaravadivelu, 2003, p. 34, tradução nossa).

Desse modo, para suprir essa lacuna, surgiu a condição do pós-método, que, segundo Kumaravadivelu (2003), apresenta três atributos inter-relacionados:

1. busca por uma alternativa ao método, e não um método alternativo;
2. a condição pós-método significa autonomia do professor;
3. o pragmatismo de princípios.

O autor entende ser preciso reconfigurar a relação entre os pesquisadores e os autores que criam os métodos e o praticante do ensino de línguas. O maior desafio que a pedagogia pós-método impõe à comunidade profissional é repensar e reformular sua escolha dos princípios para a aprendizagem, o ensino e a formação de professores de LE (Kumaravadivelu, 2001).

trêspontoseis
Influências e transferências da L1 para a L2

O objetivo de qualquer pessoa que deseja falar uma LE é atingir um nível de conhecimento linguístico suficiente para interagir em diferentes situações na língua-alvo. Esse processo pode ser longo, e é necessário que o aprendiz se sujeite a diversas situações para alcançar esse objetivo, como contato contínuo com a língua-alvo, *input* de qualidade, interação, entre outros fatores, conforme já enunciamos. E o que acontece entre o início da aprendizagem e o momento em que o aprendiz atinge um nível de fluência intermediário ou superior? Qual é a língua produzida por esse aprendiz?

Durante o processo, tanto de aquisição quanto de aprendizagem de LE, alguns fenômenos linguísticos ocorrem, principalmente em razão das influências que a L1 tem sobre a L2. É um fenômeno natural e que afeta a todos os aprendizes, em maior ou menor grau. Segundo Li (2018, p. 18, tradução nossa), "a língua em seu sentido convencional de fala e escrita é apenas um dos muitos recursos de criação de significado que as pessoas usam para a comunicação diária".

Desse modo, os aprendizes também se utilizam de recursos verbais e não verbais, como repetições, ênfase e gestos para auxiliar na comunicação. Considerados erros por alguns, essas ocorrências são uma forma de negociação de língua. Muitas vezes, erros são encarados como um modo de simplificação, quando, por exemplo, todos os verbos seguem a mesma estrutura, independentemente da pessoa gramatical, do número ou do tempo, como em *"they plays"*, *"the boy go"* (Lightbown; Spada, 2013).

Outro fenômeno frequente são as associações entre L1 e L2, principalmente quando o "padrão das conexões já está presente" (Kipper, 2012, p. 96). Para a autora, as associações entre L1 e L2, do ponto de vista neurológico, "possibilitam a interferência quando uma segunda língua começa a se estabelecer nas redes neuronais, mais intensas no início da aquisição da L2, pois as conexões da L1 são as que prevalecem" (Kipper, 2012, p. 96).

> ## Preste atenção!
>
> À medida que o indivíduo vai tendo maior contato com a língua que está aprendendo, a plasticidade cerebral possibilita-lhe a criação de novos caminhos, dando lugar a um novo sistema, o qual vai se estabelecendo enquanto o aprendiz avança nos conhecimentos da língua. Então, a quantidade de transferências diminui proporcionalmente, em razão do maior aprendizado e uso da L2.

Os alunos não transferem todos os padrões de L1 para L2 e há mudanças ao longo do tempo. Conforme os aprendizes passam a conhecer mais a L2, começam a reconhecer semelhanças entre as línguas que não eram evidentes anteriormente. Alguns aspectos da língua são mais suscetíveis à influência de L1 do que outros, como a pronúncia e a ordem das palavras (Lightbown; Spada, 2016). Isso explica a influência da língua portuguesa em construções como *"book new, car fast"* em lugar da ordem adjetivo + substantivo, ou seja, *"new book, fast car"*.

Esses fenômenos de influência e transferência não ocorrem apenas com aprendizes adultos, mas também, de forma frequente, com crianças bilíngues. É comum que elas misturem palavras de seus dois idiomas na mesma frase; porém, isso ocorre de maneira estratégica. Por exemplo, se ainda não sabem o nome de um objeto em L2, podem utilizar a palavra em L1, e vice-versa (Grosjean; Byers-Heinlein, 2018).

Nas últimas décadas, muitos pesquisadores se dedicaram ao estudo desses fenômenos, como *code switching, translanguaging* (ou translinguagem) e interlíngua, sobre os quais trataremos a seguir.

3.6.1 *Code switching*

O *code switching* é uma troca de código, ou seja, a alternância entre línguas durante uma situação comunicativa. Esse fenômeno, frequentemente, ocorre em situações específicas e é orientado por regras gramaticais. Nas últimas décadas, vem sendo pesquisado sob diferentes perspectivas, já sendo considerado um novo conceito linguístico (Li, 2018).

Uma quantidade crescente de pesquisas tenta responder à questão de como e por que falantes bi, multi e plurilíngues processam e alternam os idiomas. Para Baker (2001), o *code switching* tem muitos propósitos e objetivos, variando de acordo com quem está na conversa, o assunto e o tipo de contexto de comunicação. Os idiomas usados podem ser negociados e mudar de acordo com o tema da conversa.

Outro fenômeno é o *code mixing*. Atualmente, a maioria dos pesquisadores utiliza esse termo como sinônimo de *code switching*. A diferença entre eles foi utilizada, principalmente, no passado, entendendo-se o *code switching* como aquele feito intencionalmente pelos falantes, por desejarem se expressar de forma mais pessoal, e quando há troca de idiomas com base em mudanças na situação da fala, em que o tópico ou os membros da conversa mudam; já o *code mixing* seria algo involuntário, que pode ocorrer quando o sujeito não tem conhecimento de uma palavra ou frase, e foi originalmente descrito como o uso de palavras e frases de um idioma no lugar do outro em uma mesma frase (Altarriba; Basnight-Brown, 2007).

> ## Importante!
> Neste livro, utilizamos as duas expressões, *code switching* e *code mixing*, como sinônimos.

A ocorrência do *code switching* relaciona-se à necessidade e às formas de comunicação. As razões para tal ocorrência são divididas em três categorias:

1. O falante bilíngue não sabe determinada palavra ou frase na língua que está sendo utilizada; por isso, ele a utiliza na outra. Muitas vezes, o falante pode saber a palavra necessária em ambos os idiomas, mas opta por utilizar a palavra com mais frequência em um idioma do que no outro e, portanto, é capaz de lembrar da palavra mais rapidamente nesse idioma; também pela necessidade ou vontade de excluir outros falantes.
2. Os bilíngues utilizam o *code switching* porque a expressão ou o sentimento que estão tentando transmitir tem uma tradução melhor em uma das línguas ou não existe uma tradução equivalente em outro idioma.
3. A troca de código apresenta vantagens comerciais, sendo demonstrado que a publicidade de produtos e serviços aumenta quando os anúncios ou *slogans*, que são, normalmente, apresentados em L2, incluem mudanças de código para L1 (Heredia; Altarriba, citados por Altarriba; Basnight-Brown, 2007).

Eis alguns exemplos:

- Minha *coach* sugeriu que eu fizesse um curso *e-learning*, pois me ajudaria no *networking* para um futuro *job*.
- O cliente precisa aprovar o *layout* do novo *job*.

Algumas vezes, há confusão entre *code switching* e translinguagem (conceito exposto no Capítulo 1), mas, segundo Li (2018), são conceitos teóricos e analíticos diferentes, com origens distintas.

3.6.2 Translinguagem

García (2009, p. 27, tradução nossa), uma das principais pesquisadoras sobre translinguagem, a define como "práticas discursivas múltiplas nas quais bilíngues se envolvem a fim de dar sentido a seus mundos bilíngues". Nessa visão, sujeitos bilíngues contam com um repertório linguístico e selecionam recursos estrategicamente para se comunicar de forma eficaz.

Para Baker (citado por García; Li, 2014, p. 20, tradução nossa), translinguagem é "o processo de construção de significado, formação de experiências, obtenção de compreensão e conhecimento por meio do uso de duas línguas". Para Lewis, Jones e Baker (citados por García; Li, 2014, p. 20, tradução nossa),

> ambas as línguas são usadas de maneira dinâmica e funcionalmente integrada para organizar e mediar os processos mentais de compreensão, fala, alfabetização e, não menos importante, aprendizagem. A translinguagem diz respeito à comunicação eficaz, à função em vez de forma, à atividade cognitiva, bem como à produção de linguagem.

A translinguagem é, portanto, um processo de criação de significado e de sentido. O objeto de análise é a forma como o usuário de determinada língua utiliza diferentes recursos linguísticos, cognitivos e semióticos para dar sentido a essa língua (Li, 2018). Por conseguinte, a língua é considerada um recurso multilíngue, multimodal e multissensorial de criação de sentido e significado. O sujeito procura desafiar os limites entre as línguas, os meios de comunicação linguísticos, paralinguísticos e não linguísticos e os limites entre a linguagem e outras capacidades cognitivas humanas.

Alguns podem confundir translinguagem com *code switching*, mas, como informamos na seção anterior, são conceitos teóricos diferentes. Diferem pelo fato de a translinguagem não se restringir a uma mudança ou alternância entre duas línguas, abarcando a construção e o uso de hábitos de comunicação por parte dos falantes. García (citada por García; Li, 2014, p. 22, tradução nossa) a qualifica como "uma abordagem do bilinguismo centrada não nas línguas, como costuma acontecer, mas nas práticas dos bilíngues que são facilmente observáveis". Para clarificar a diferença entre os conceitos, a autora os compara às funções de língua disponíveis nos *smartphones* atuais. A função de troca de idioma permite utilizar mais de uma língua no teclado, escolhendo e alternando entre elas durante a digitação. Essa possibilidade de alternar o idioma seria análoga ao *code switching*; já a translinguagem equivaleria a desligar a função de troca de idioma e utilizar recursos de todo o repertório semiótico do falante (García, citada por García; Li, 2014).

Consoante García e Kleifgen (2019), a translinguagem busca privilegiar as ações de falantes multilíngues com seu repertório, e não a língua prescrita por dicionários, gramáticas e instituições como escolas. Nessa perspectiva, os bilíngues comportam-se como "atores semióticos legítimos, capazes de usar todo o seu repertório unitário para maximizar seu potencial de construção de significado" (García; Kleifgen, 2019, p. 5, tradução nossa).

Ao ser utilizada na prática, nos processos de ensino e aprendizagem de línguas, a translinguagem fornece ferramentas para que o aprendiz lide melhor com a língua (García; Johnson; Seltzer, 2017). Segundo Baker (2001), ela oferece quatro vantagens potenciais:

1. capacidade de promover uma compreensão mais profunda e completa do assunto;
2. auxílio aos alunos no desenvolvimento de habilidades em seu idioma mais fraco;
3. pode facilitar a cooperação casa-escola por meio do uso conjunto de línguas;
4. propicia ao aluno o desenvolvimento de sua L2 simultaneamente com o aprendizado de conteúdo.

A translinguagem beneficia tanto aluno quanto professor, pois foca no processo de ensino e aprendizagem, na construção de significado, no aprimoramento da experiência e no desenvolvimento da identidade – um processo de construção e formação de conhecimento e experiência por meio da linguagem (Li, 2018). A principal vantagem é que as duas línguas do falante bilíngue podem ser usadas como aliadas em sala de aula em vez de competirem uma com a outra.

3.6.3 Interlíngua

Na década de 1970, pesquisadores começaram a perceber que os "erros" que os alunos cometiam não eram aleatórios, mas refletiam uma sistemática incompleta de conhecimento da L2 (Corder,

1967). O termo *interlíngua* foi cunhado por Larry Selinker (1937-) e serve para caracterizar o sistema linguístico em desenvolvimento do aluno de L2 (Lightbown; Spada, 2020).

A interlíngua funciona como um sistema aproximativo, ou seja, que se aproxima gradualmente da língua-alvo (Semino, citado por Kipper, 2012). Ela opera durante o processo cognitivo da criação do sistema linguístico de uma LE quando "o aprendiz acaba formulando, testando e reestruturando hipóteses a partir das redes já criadas por sua LM ou outros sistemas linguísticos que conheça previamente" (Kipper, 2012, p. 96). Essa língua em desenvolvimento já foi considerada "erro", mas, na verdade, é um processo obrigatório, natural na aquisição de outras línguas.

De acordo com Selinker (citado por Ellis, 2015), a interlíngua segue cinco processos principais: (1) transferência de língua; (2) generalização de regras da língua-alvo; (3) transferência de treinamento (uma regra se internaliza no sistema de regras do aprendiz); (4) estratégias de aprendizagem de L2; (5) estratégias de comunicação em L2.

Para Ellis (2015), a língua produzida pelo aprendiz é permeável, dinâmica e sistemática; *permeável* porque as regras que formam o conhecimento do aprendiz, em qualquer estágio, não são fixas, mas abertas ao aperfeiçoamento; *dinâmica* porque muda constantemente; e *sistemática* porque o aprendiz baseia sua *performance* em sistemas de regras existentes, já compreendidos por ele.

Todo aprendiz de língua é, segundo Cook (citado por Scovel, 2001), um sujeito multicomponente porque, além de falar sua LM, tem conhecimentos de uma ou mais LEs, cuja competência está em desenvolvimento. Justamente por não estar completa, a língua produzida pelo aprendiz está sujeita a "erros" e à interferência da L1. Para a LA, "erros" nada mais são do que as tentativas dos aprendizes em criar suas explicações sobre os padrões das estruturas da nova língua (Scovel, 2001).

Muitas vezes, esses desvios ocorrem pela incompatibilidade entre formas gramaticais de L1 e L2. A seguir, fornecemos alguns exemplos da influência da língua portuguesa na língua inglesa.

Quadro 3.2 – Influências da língua portuguesa na língua inglesa

Negação	No very good.	I no can drive.
Interrogação	I am late?	What you are doing?
Afirmação	My son play.	He goed to school.

Essas influências são comuns e podem ocorrer em produções orais ou textuais de alunos de diferentes níveis de conhecimentos linguísticos. Com o tempo, o distanciamento entre L1 e L2 se acentua e esses "desvios" deixam de ocorrer. No entanto, essa mudança não ocorre de um momento para o outro; as novas hipóteses sobre a língua-alvo são acomodadas lentamente (Ellis, 2015).

Síntese

Neste capítulo, distinguimos aprendizagem e aquisição de LE, e discorremos sobre os principais fatores envolvidos no sucesso dessa empreita. Apresentamos as teorias de aquisição-aprendizagem de LE e algumas das metodologias e abordagens fundamentadas nelas. Em seguida, desconstruímos o conceito de erro e explicitamos que ele é o produto da construção de uma nova língua por parte do aprendiz.

Também tratamos dos fenômenos de *code switching*, translinguagem e interlíngua como forma de compreender o modo pelo qual os falantes mudam de uma língua para outra.

Atividades de autoavaliação

1. Com relação às definições de metodologia, método e abordagem, marque V paras as afirmativas verdadeiras e F para as falsas:
( ) Metodologias são atividades, tarefas e experiências selecionadas pelo professor.
( ) Metodologia é o projeto de ensino fundamentado em uma abordagem particular.
( ) Método é o que permite colocar a abordagem em prática.
( ) Abordagem é a prática resultada da experiência do professor.

   Agora, assinale a alternativa que apresenta a sequência correta de preenchimento dos parênteses, de cima para baixo:
a. F, V, V, V.
b. V, F, F, V.
c. V, F, V, F.
d. F, F, V, V.
e. V, F, V, F.

2. Considere as hipóteses a seguir:
   1. Hipótese da aquisição-aprendizagem.
   2. Hipótese da ordem natural.

3. Hipótese do estímulo-resposta.
4. Hipótese da gramática universal.
5. Hipótese do *input*.
6. Hipótese do filtro afetivo.
7. Hipótese do *output*.
8. Hipótese do monitor.

Agora, marque a alternativa que lista as hipóteses que pertencem ao modelo monitor de Krashen:

a. 1, 3, 4, 7, 8.
b. 2, 3, 5, 6, 8.
c. 3, 4, 6, 7, 8.
d. 1, 2, 5, 6, 8.
e. 1, 2, 4, 6, 8.

3. Leia as afirmativas que seguem e marque V para as verdadeiras e F para as falsas:
( ) O método da gramática e tradução foi formulado para o ensino do grego e do latim na Prússia no século XVIII.
( ) No método direto, as aulas são dadas na LM do aluno.
( ) O método audiolingual foi desenvolvido para suprir a necessidade de ensinar LEs de forma rápida aos soldados americanos durante a Segunda Guerra Mundial.
( ) Na abordagem comunicativa, ensina-se a língua e não sobre a língua.
( ) O pós-método é um método alternativo.

Agora, assinale a alternativa que apresenta a sequência correta:
a. V, V, F, V, V.
b. V, F, F, V, F.
c. F, F, V, V, V.
d. F, V, F, F, V.
e. V, F, V, V, F.

4. Leia as sentenças a seguir e complete-as com as palavras corretas:

1. _____: disposição inata ou adquirida para determinada coisa.

2. _____: habilidade de aprender e não o conhecimento em si

3. _____: técnica(s) ou artifício(s) que o aprendiz pode utilizar para adquirir conhecimento.

Agora, assinale a alternativa que apresenta as palavras que preenchem corretamente as sentenças:
a. aptidão – inteligência – estratégias
b. estratégias – aptidão – crenças
c. crenças – aptidão – estratégias
d. estratégias – inteligência – crenças
e. aptidão – inteligência – motivação

5. Chomsky afirma que os seres humanos nascem dotados da capacidade da linguagem. Sem isso, a aprendizagem de língua, seja L1, seja L2, seria impossível, pois apenas *input* não é suficiente.

Essa afirmação refere-se à:
a. hipótese do *input*.
b. teoria cognitivista.

c. teoria da gramática universal.
d. teoria interacionista.
e. teoria behaviorista.

Atividades de aprendizagem

Questões para reflexão

1. Analise os seguintes perfis de aprendiz de LE:
   + Criança em idade pré-escolar, que aprende LE de maneira informal, por meio de brincadeiras com outras crianças, em um contexto bilíngue.
   + Adolescente que estuda LE em contexto formal em escola de idiomas.
   + Imigrante adulto que aprende a língua-alvo em ambiente informal, no trabalho e na vida cotidiana.

   A idade é a única diferença entre os três aprendizes? Como as condições de aprendizagem e aquisição de LE podem influenciar o aprendizado?

2. Levando em conta o que você estudou ao longo deste capítulo, analise as ações, as condutas e as características do "bom aluno" de LE, e atribua a elas valores de 1 a 5, considerando 1 algo *muito importante* e 5 algo *nada importante*. Depois, compare e discuta suas respostas com as de um colega.

Quadro A – O aluno ideal

	1	2	3	4	5
Está disposto a adivinhar e é preciso.					
Tenta compreender a mensagem, mesmo que não tenha conhecimentos linguísticos específicos.					
Está disposto a cometer erros.					
Procura constantemente padrões na língua.					
Pratica a língua sempre que possível.					
Analisa sua própria fala e a de outros.					
Verifica se seu desempenho atende aos padrões aprendidos.					
Gosta de exercícios gramaticais.					
Inicia a aprendizagem na infância.					
Tem QI acima da média.					
Apresenta boas habilidades acadêmicas.					
Tem autoestima e autoconfiança.					

FONTE: Lightbown; Spada, 2013, p. 34, tradução nossa.

Atividade aplicada: prática

1. Releia a Seção Pós-método. Em seguida, leia um trecho da música *Samba do approach*, de Zeca Baleiro, e reflita sobre o uso das palavras em inglês na letra. Por que o compositor optou pelo uso das palavras em LE?

   Depois, observe a presença de *code switching*, interlíngua e translinguagem em outras expressões artísticas como músicas, bordões, *slogans* e peças publicitárias.

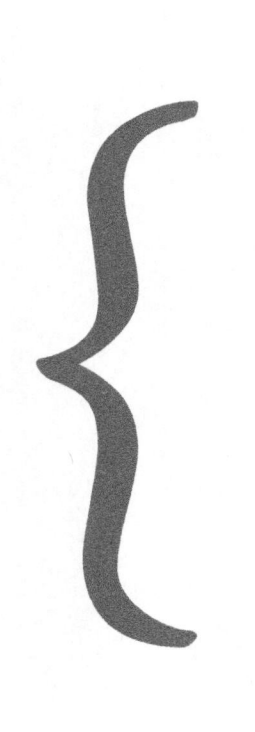

{

um   Bilinguismo: definições e dimensões
dois   O cérebro bilíngue
três   Bilinguismo e aquisição-aprendizagem de língua estrangeira
 # quatro   **Educação bilíngue**
cinco   O professor e a escola bilíngue
seis   Futuro da educação bilíngue

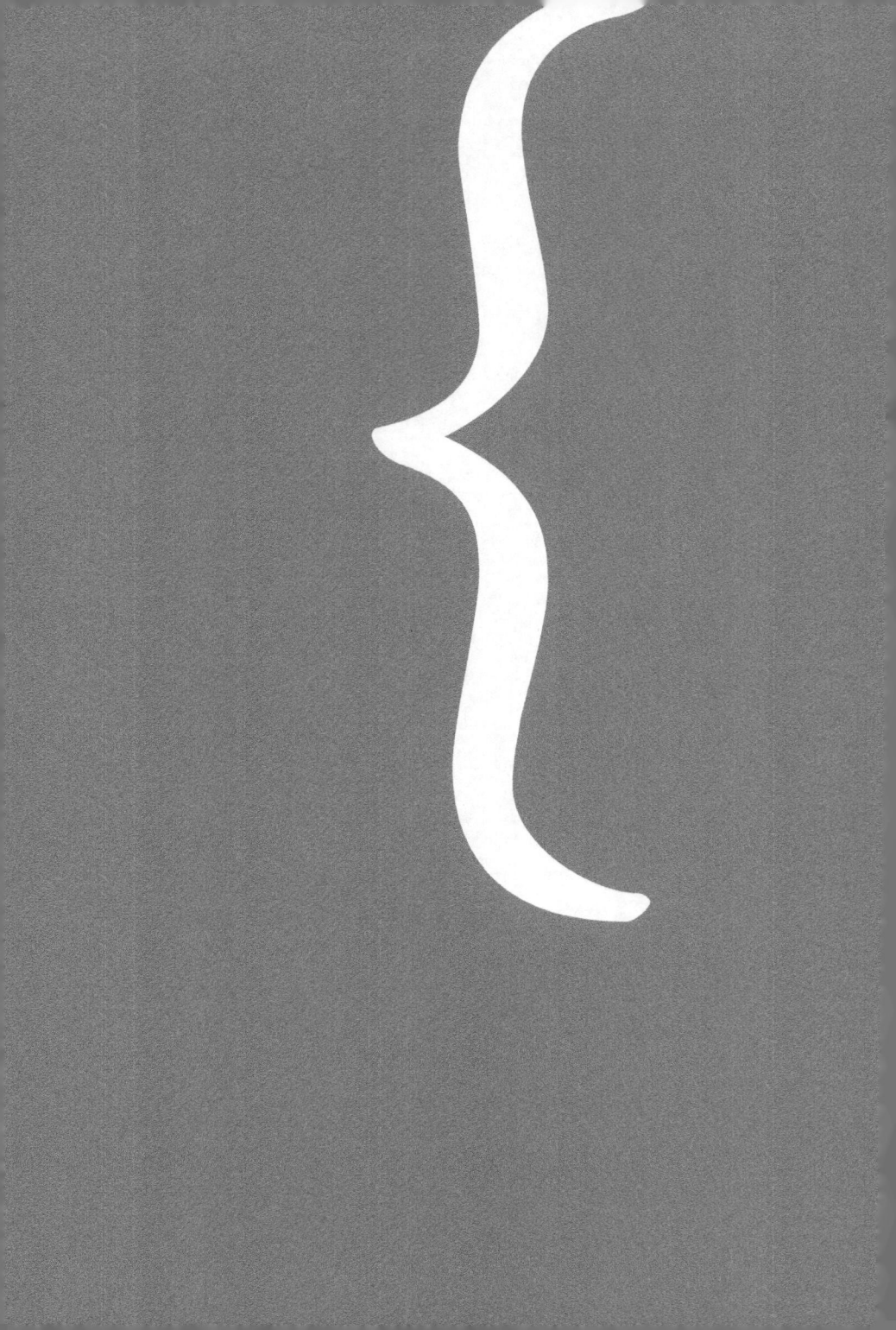

❰TENDO DEDICADO A primeira parte deste livro ao bilinguismo, doravante analisaremos a crescente tendência de seu ensino tanto no Brasil quanto no mundo. Num primeiro momento, conceituaremos e caracterizaremos a educação bilíngue, especificando o que se pode esperar dela. Em seguida, distinguiremos: ensino bilíngue de ensino de idiomas; e escola bilíngue de escola internacional. Na sequência, detalharemos como se processam o desenvolvimento e o uso da língua estrangeira (LE) e da língua materna (LM) na sala de aula bilíngue.

Analisaremos, também, o papel e as possibilidades avaliativas tanto das escolas quanto dos alunos no contexto bilíngue; isso porque novas formas de ensinar demandam novas formas de avaliar. Por fim, discorreremos sobre algumas das expectativas de pais e/ou responsáveis com relação à educação bilíngue, e sobre a realidade desse tipo de educação, esclarecendo como os pais e/ou responsáveis podem auxiliar no processo.

quatropontoum
Educação bilíngue

Engana-se quem pensa que a educação bilíngue é um fenômeno recente. Na verdade, ela está presente na sociedade há mais de 5.000 anos. O bilinguismo e o multilinguismo, como explica Lewis (citado por Baker, 2001, p. 182, tradução nossa), são "uma característica muito precoce das sociedades humanas, e o monolinguismo é uma limitação induzida por algumas formas de mudança social, desenvolvimentos culturais e etnocêntricos". Nesse sentido, independentemente de razões sociais, culturais e políticas, a educação bilíngue sempre foi uma prática humana.

Consoante a definição de Hamers e Blanc (citados por Megale, 2019, p. 22), educação bilíngue é "qualquer sistema de educação escolar no qual, em dado momento e período, simultânea ou consecutivamente, a instrução é planejada e ministrada em pelo menos duas línguas". Portanto, a instrução *na* língua-alvo em vez de instrução *da* língua-alvo é o que diferencia a escola bilíngue da escola de idiomas.

> **Importante!**
>
> Neste livro, usamos a expressão *educação bilíngue* em vez de *educação pluri* ou *multilíngue*, pois ela abrange diversas práticas e políticas ligadas ao tema.

No senso comum, é habitual associar a educação bilíngue a escolas que ensinam em alguma língua de prestígio social, como inglês, francês, italiano etc. Todavia, há outros tipos de escolas bilíngues.

Conforme aludimos no início deste livro, há cerca de 220 línguas em nosso país, em sua maioria falada por comunidades indígenas, razão pela qual se faz premente um programa de educação que as estimule, evitando sua extinção, como já ocorreu com diversas outras. Para isso, a Constituição Brasileira de 1988 sancionou a educação bilíngue indígena e, mais tarde, a educação bilíngue para surdos – esta reconhecida pela Lei n. 10.436, de 24 de abril de 2002 (Brasil, 2002) e regulamentada pelo Decreto n. 5.626, de 22 de dezembro de 2005 (Brasil, 2005). Recentemente, a educação bilíngue, em contextos de imigração e de fronteira, ganharam espaço na pauta dedicada a esse tipo de ensino (Megale, 2019).

Megale (2005) divide a educação bilíngue em dois grandes domínios: (1) para crianças de grupos minoritários e (2) para crianças do grupo dominante. A **educação bilíngue para crianças de grupos minoritários** tem como foco aquelas socialmente desprovidas, como os indígenas. Já a **educação bilíngue para crianças do grupo dominante** é aquela que quase sempre tem caráter elitista e cujo principal objetivo é o aprendizado de um novo idioma, o conhecimento de outras culturas e a possibilidades de completar os estudos no exterior.

> **Importante!**
>
> O modelo educativo a que nos referimos aqui é a **educação bilíngue de elite** (EBE), assim nomeado em razão das condições financeiras dos alunos que podem frequentar tais escolas (Megale, 2017). Para fins de discussão sobre educação bilíngue, nesta obra, utilizamos a LE como meio de instrução.

O crescimento da educação bilíngue no Brasil demandou uma resposta do Conselho Nacional de Educação (CNE) quanto a uma normatização que se aplicasse para todo o território nacional, pois, até então, apenas os estados do Rio de Janeiro e de Santa Catarina contavam com leis específicas. Assim, o CNE* aprovou as Diretrizes Curriculares Nacionais (DCN) para a oferta de Educação Plurilíngue no Brasil – Parecer CNE/CEB** n. 2, de 2020, aprovado em 9 de julho de 2020 (Brasil, 2020) –, que regulariza a educação bilíngue em LE e a educação indígena e de surdos.

No que diz respeito à educação bilíngue em LE, o relatório caracteriza essa modalidade de ensino e determina os requisitos básicos para que uma instituição seja reconhecida como tal. De acordo com as novas diretrizes, "dada a ausência de orientações nacionais, objetivamos uma educação plurilíngue envolvendo a língua portuguesa e línguas adicionais na educação básica" (Brasil, 2020, p. 9).

---

* No momento da escrita deste livro, as novas diretrizes ainda não tinham sido homologadas pelo MEC.
** Câmara de Educação Básica.

É inegável a importância das LEs na sociedade atual, e uma das mais contempladas é, sem dúvida, a língua inglesa. Considerada a língua dos negócios, do turismo e do ensino, ela serve à comunicação mundial, sendo usada em várias situações comunicativas (Rajagopalan, 2009); tanto é assim que seu número de falantes como língua franca supera o de falantes nativos (Canagarajah, 2006; 2007; Jenkins, 2006; Myers-Scotton, 2006).

No entanto, a parcela da população brasileira que declara ter algum conhecimento do inglês ainda é ínfima. Em pesquisa realizada pelo British Council em 2014, 10,3% dos entrevistados entre 18 e 24 anos afirmaram falar a língua inglesa, 5,2%, entre 25 e 34 anos, e apenas 3,5%, dos maiores de 35 anos (British Council, 2014).

Foi exponencial o crescimento de oferta e procura pela educação bilíngue no Brasil na última década, principalmente por escolas que têm o inglês e o português como línguas de instrução. Dados da Associação Brasileira do Ensino Bilíngue (Abebi) mostram que, entre 2014 e 2019, o setor teve aumento de 6 a 10% (Mazzini, 2022). Isso provavelmente ocorreu graças ao desejo de pais e/ou responsáveis de colocarem seus filhos no seleto grupo de falantes bilíngues. Além disso, eles veem nessas escolas uma forma de unir a função da educação tradicional com o ensino de uma LE (Marcelino, 2020). Ademais, trata-se de um tipo de educação que desperta interesse por outros grupos linguísticos e culturais (García, 2009).

No início, o ensino bilíngue brasileiro privilegiava apenas aqueles que podiam pagar muito pela educação de qualidade e "de elite" prometida por essas escolas. A oferta de ensino bilíngue ainda se concentra nas classes privilegiadas; porém, nos últimos anos, muitas escolas adequaram seus currículos e projetos político-pedagógicos (PPPs) para receber o título de escola bilíngue. Como consequência, hoje elas são encontradas de Norte a Sul, com estruturas, projetos de ensino e investimentos diferentes, variando também conforme os valores de suas mensalidades.

No Brasil, uma escola bilíngue é, de acordo com Marcelino (2009, p. 10-11), uma escola

> com o diferencial de que os conteúdos escolares e interações também ocorrem em inglês. A "brasilidade" e aspectos culturais brasileiros estão presentes, e a língua inglesa não é a mera representação da cultura, valores e crenças de países como Estados Unidos e Inglaterra, mas sim uma tendência presente no mundo da globalização. A língua inglesa passa a ser, assim, uma língua internacional, a língua de acesso à informação, a língua da internet, das transações internacionais, da comunidade acadêmica.

Megale (2020) adverte que, mesmo que essas escolas se autodenominem *bilíngues*, elas são muito diferentes entre si. Por isso, segundo a autora, é necessário ter cuidado ao utilizar a denominação *bilíngue* e certificar-se de que ela está relacionada a uma educação de qualidade. Nesse contexto, justamente para regularizar e fiscalizar a qualidade do ensino bilíngue, surgiram as DCNs para a oferta de educação plurilíngue, conforme já assinalamos.

Segundo essas diretrizes, escola bilíngue é aquela que se caracteriza por "promover currículo único, integrado e ministrado em duas línguas de instrução, visando o desenvolvimento de competências e habilidades linguísticas e acadêmicas dos estudantes nessas línguas" (Brasil, 2020, p. 24). Para ser enquadrada como tal, a escola deve contar com projeto pedagógico bilíngue em todas as etapas de ensino, podendo ser implantadas de forma gradativa. No que diz respeito à carga horária, o documento estabelece que deve ser de, no mínimo, 30% e, no máximo 50%, das atividades curriculares na língua-alvo na educação infantil e no ensino fundamental e, no mínimo, 20% no ensino médio (Brasil, 2020).

Mesmo entre as escolas comprovadamente bilíngues, que atingem todos os requisitos, há muitas diferenças, como já aludimos. Essas diferenças, segundo Megale (2019; 2020), encontram-se nos âmbitos conceitual, estrutural do currículo e de modelo de educação adotado. Assim, a autora sugere a classificação em três categorias:

1. **Currículo português e inglês integrados:** verifica-se em escolas com currículo único, com componentes curriculares ministrados em inglês ou em português. Normalmente, essas instituições têm como objetivo o ensino bilíngue desde sua origem.
2. **Currículo adicional:** geralmente, fornecido por um sistema de ensino ou instituição especializada na implementação de programas bilíngues em escolas regulares. Baseia-se na abordagem Content and Language Integrated Learning (CLIL)*, buscando integrar ensino de língua e conteúdo.

---

* "Aprendizado Integrado de Conteúdo e Língua (CLIL) é uma abordagem educacional com duplo enfoque no qual a língua adicional é utilizada para aprender e ensinar tanto o conteúdo como a língua" (Coyle; Hood; Marsh, citados por Megale, 2019, p. 25).

3. **Currículo optativo:** adotado por escolas que oferecem um período optativo extra aos alunos, com objetivo de complementar seus estudos na língua-alvo, seja por meio de projetos desenvolvidos nessa língua, seja em aulas que utilizam a abordagem CLIL. Essas atividades podem ser elaboradas pela própria escola ou terceirizadas.

4.1.1 Tipos de educação bilíngue

Quando os pais decidem oferecer aos filhos uma educação bilíngue, optam por escolas com imersão total em outra língua e cultura. Nesses programas, tanto a língua nativa da criança quanto a estrangeira devem ser valorizadas, e os alunos aprendem uma L2 sem perder sua L1. Entretanto, para isso, há diferentes tipos de educação bilíngue.

Uma das primeiras classificações sobre ensino bilíngue foi proposta por Mackey, que descreveu 90 padrões que levam em consideração as línguas faladas em casa, as do currículo, as da comunidade em que a escola está localizada e o *status* internacional e regional das línguas (Mackey, citado por Baker, 2001).

Outra forma de categorizar os tipos de educação bilíngue é por meio da análise de seus objetivos. Fishman e Hornberger (citados por Baker, 2001) as dividem em duas categorias: (1) **educação bilíngue de transição**, que objetiva transferir a criança do idioma falado em casa – em algumas situações, a língua minoritária – para a língua majoritária dominante; e (2) **educação bilíngue** de manutenção, a qual busca promover a língua minoritária na criança, com o objetivo de fortalecer sua identidade cultural.

Fishman e Lovas (citados por Megale, 2005), apoiados nas teorias sociolinguísticas, apresentam três critérios para a classificação da educação bilíngue: (1) intensidade, (2) objetivo e (3) *status*, os quais apresentam subcategorias.

São alocados na categoria **intensidade** quatro tipos de programas bilíngues: (1) transicional, (2) monoletrado, (3) parcial biletrado e (4) total biletrado. O **bilinguismo transicional** é aquele no qual a L1 é usada somente para facilitar a transição para a LE. No **bilinguismo monoletrado**, ambas as línguas são utilizadas na escola, em todas as atividades, porém a alfabetização ocorre na LE. No **bilinguismo parcial biletrado**, as duas línguas são utilizadas na escrita e na oralidade, mas, nas disciplinas escolares, há uma divisão, a L1 pode ser a língua escolhida para algumas disciplinas de ciências humanas, como História e Artes, e as demais são ministradas na língua-alvo (Baker, 2001). O último programa, o **bilinguismo total biletrado**, é aquele no qual todas as habilidades são desenvolvidas nas duas línguas e em todos os domínios.

Na classificação por **objetivos**, a educação bilíngue apresenta três diferentes programas: (1) **compensatório**, no qual a criança é instruída na L1, com vistas a uma melhor integração com o ambiente escolar; (2) de **enriquecimento**, no qual tanto a L1 quanto a LE são desenvolvidas desde a alfabetização e utilizadas como meio de instrução de outros conteúdos; (3) **manutenção do grupo**, cujo intuito é a preservação da língua e da cultura dos grupos minoritários, como é o caso das línguas indígenas.

A última categoria de classificação, o *status*, apresenta quatro tipos: (1) a **língua de importância primária** *versus* a **língua de importância secundária** na educação; (2) a **língua de casa** *versus* a **língua da escola**; (3) o contraste entre a língua mais importante no mundo e a língua de menor importância; e (4) a relação entre a **língua institucionalizada** *versus* a **língua não institucionalizada** na comunidade.

Harmers e Blanc (citados por Megale, 2005) adicionam uma categoria de educação bilíngue: a **imersão**, que, segundo eles, ocorre quando um grupo de crianças falantes de determinada L1 recebe instrução total ou parcial por meio de uma LE. De acordo com os autores, há três tipos de imersão: (1) total, (2) parcial e (3) tardia (Harmers; Blanc, citados por Megale, 2005).

Na **imersão inicial total**, toda a instrução pré-escolar e os dois primeiros anos do ensino fundamental são oferecidos em LE. A L1 é apresentada de maneira gradual por volta do terceiro ano do ensino fundamental, até que o tempo destinado à instrução na LE e na L1 seja equiparado. Na **imersão inicial parcial**, as duas línguas são utilizadas como meio de instrução desde o início da escolarização e seu uso pode variar de acordo com o programa e a escola. Já a **imersão tardia** é destinada a alunos mais velhos, do ensino médio, e a exposição à LE muda de acordo com o ano – no primeiro, 85% das aulas são ministradas nela e, nos anos seguintes, o aluno pode escolher frequentar até 40% das aulas ministradas na LE (Megale, 2005).

> **Importante!**
>
> De acordo com Harmers e Blanc (citados por Megale, 2005), em uma experiência bilíngue, o mais importante é que ambas as línguas sejam igualmente valorizadas, independentemente de qual delas seja utilizada na instrução.

4.1.2 Escola internacional

Assim como as escolas bilíngues, as internacionais não são novidades no país. As primeiras surgiram com o início da imigração, pela necessidade de manter as línguas e as tradições dos países de origem dos imigrantes. Cantuaria (2016) realizou uma pesquisa sobre as escolas internacionais da cidade de São Paulo e verificou que a primeira delas foi a Deutsche Schule (mais tarde denominada Colégio Visconde de Porto Seguro), fundada por imigrantes alemães em 1878; nas décadas seguintes, outros grupos de imigrantes e expatriados fundaram suas escolas: a britânica Anglo Brazilian, em 1903; o italiano Colégio Dante Alighieri, em 1911; seguidos pelo Liceu Franco-Brasileiro, em 1921; e a americana Graded School, em 1938.

    Outro objetivo das escolas internacionais era receber filhos de diplomatas e expatriados que gostariam de manter as relações culturais com sua terra natal. Essas instituições seguem o currículo do país de origem e sua política educacional, sem deixar de atender também aos requisitos da política educacional brasileira.

Muitas vezes, os alunos de escolas internacionais têm a possibilidade de continuar seus estudos em outros países, pois seus diplomas têm dupla validação. Isso se deve, principalmente, ao fato de que a maioria dessas escolas segue o currículo concebido e assessorado pelo International Baccalaureate (IB), uma organização não governamental, com sede em Genebra, na Suíça, que visa formar cidadãos do mundo. Atualmente, há 48 escolas internacionais autorizadas a fornecer o diploma IB no Brasil (IB, 2023; Megale, 2017).

Segundo Aguiar (citado por Megale, 2017), nas últimas duas décadas, houve aumento significativo de alunos brasileiros nas escolas internacionais, principalmente aquelas cujo meio de instrução é o inglês e o português. Ora, a maioria dos alunos dessas escolas são brasileiros.

De acordo com as DCNs para a oferta da educação plurilíngue, a escola internacional se difere da bilíngue por contar com currículo que atende tanto aos requisitos da política educacional brasileira quanto aos da estrangeira. "As Escolas Brasileiras com Currículos Internacionais devem garantir que o currículo internacional não prejudique o desenvolvimento e avaliação do estudante no currículo brasileiro" (Brasil, 2020, p. 26).

Essas escolas também devem seguir a legislação e as normas brasileiras, como a Base Nacional Comum Curricular (BNCC) para a expedição de dupla diplomação (Brasil, 2020).

quatropontodois
Escolas bilíngues e escolas de idiomas

Até recentemente, quando se queria que uma criança aprendesse uma LE, era comum que os pais ou responsáveis a matriculassem em uma escola de idiomas, na qual a criança teria aulas em horário fixo, com carga horária semanal entre duas e três horas, seguindo diversas tendências metodológicas. Esse tipo de instrução passou a ser insuficiente na opinião de muitos pais e/ou responsáveis, que começaram a buscar alternativas, como as escolas bilíngues, que têm como objetivo unir as competências da escola regular, voltada para a educação e a formação do indivíduo, e da escola de idiomas, voltada para o ensino de LE, com foco no desenvolvimento linguístico (Marcelino, 2009).

Todavia, há diferenças quanto à abordagem do ensino da LE nos dois contextos, como bem explica Marcelino (2009, p. 10):

> *Na escola bilíngue, a língua inglesa é um veículo, o meio através do qual a criança também se desenvolve, adquire e constrói conhecimento e interage e age sobre o meio. A escola bilíngue deveria ser sempre vista essencialmente como uma escola, com objetivos de uma escola, focada na educação, não como um instituto de idiomas aumentado.*

Atualmente, segundo García (2009), os programas de ensino de LEs preocupam-se em integrar cada vez mais a linguagem e o conteúdo, assemelhando-se à escola bilíngue. Inversamente, os programas de educação bilíngue estão se concentrando no ensino explícito da LE, tornando-se similares aos programas de ensino de idiomas.

No entanto, a principal diferença entre os dois está ligada ao objetivo da educação bilíngue: "o uso de duas línguas para educar de maneira geral, significativa, equitativa e para tolerância e valorização da diversidade" (García, 2009, p. 6, tradução nossa). As escolas de idiomas voltam-se ao ensino de uma LE como uma disciplina, ao passo que, nas escolas bilíngues, a LE é usada como meio de instrução. García (2009) compilou as principais especificidades das escolas de idiomas e das bilíngues, conforme exposto no Quadro 4.1.

QUADRO 4.1 – DIFERENÇAS ENTRE ESCOLAS BILÍNGUES E ESCOLAS DE IDIOMAS

	Escolas bilíngues	Escolas de idiomas
Objetivo geral	Educar de forma significativa com algum tipo de bilinguismo	Competência em língua estrangeira
Objetivo acadêmico	Educar de forma bilíngue e ser capaz de atuar em diferentes culturas	Aprender outro idioma e familiarizar-se com uma cultura adicional

(continua)

(Quadro 4.1 – conclusão)

	Escolas bilíngues	Escolas de idiomas
Uso da língua	Como meio de instrução	Como disciplina escolar
Uso instrucional da língua	Alguma forma de duas ou mais línguas	Principalmente a língua-alvo
Ênfase pedagógica	Integração de língua e conteúdo	Instrução explícita da língua

FONTE: García, 2009, p. 7, tradução nossa.

Nas escolas bilíngues, o desenvolvimento linguístico dos alunos pode variar segundo as características da escola, a quantidade e a qualidade de *input* ao qual a criança é exposta. De acordo com Marcelino (2020), no Brasil, as escolas de educação bilíngue são muito heterogêneas em sua abordagem linguística. Segundo ele, essas diferenças estão relacionadas à quantidade de horas e à qualidade de *input*, assim como à atenção com o planejamento linguístico voltado aos alunos. Ele cita alguns cenários de variação de *input* comuns na educação bilíngue:

- *uma ou duas horas diárias de inglês;*
- *escolas cuja maioria da instrução é dada em L1 e aumentando posteriormente o uso de L2;*
- *escolas em que os professores usam L2 ao comunicarem-se com as crianças e L1 entre si;*
- *escolas que utilizam apenas a L2 nos anos iniciais e os professores a utilizam entre si.* (Marcelino, 2020, p. 52)

Essas características influenciam o modo como o aprendiz usa a língua nesses contextos. Para Marcelino (2020), há bilíngues que compreendem a L2, mas respondem apenas em L1, outros a utilizam de forma lúdica, em contextos e formas variadas, como se "brincassem" com ela. Isso é um indicativo de que o tipo e a quantidade de *input* influenciam o comportamento do bilíngue.

quatropontotrês
Desenvolvimento e uso de LE e L1 em contextos bilíngues

O principal agente no processo de aquisição de LE é a própria criança; o contexto e suas experiências linguísticas é que possibilitam a aprendizagem, podendo resultar na proficiência linguística em algumas áreas ou até a competência nativa em outras. Cabe à escola bilíngue oferecer as melhores e mais variadas oportunidades para que a criança desenvolva a LE, como o tempo de exposição à língua, o valor social atribuído ao bilinguismo e à função da língua no ambiente (Marcelino, 2020).

Crianças envolvidas em contextos bilíngues desde muito cedo tendem a se identificar com as línguas em seu entorno e é comum que desenvolvam preferência por alguma delas, o que influi no desenvolvimento. Isso pode fazer a criança delimitar os espaços de uso das línguas e as separar de acordo com os contextos em que são utilizadas, assim como as pessoas envolvidas – algo próximo do conceito *one parent, one language* (OPOL*), como a língua de casa e a língua da escola (Marcelino, 2020). Ainda, há aquelas que gostam de "misturar" os contextos e levar a LE da escola para casa, por meio do compartilhamento de conteúdos conhecidos na escola, como músicas, vocabulário e brincadeiras (Marcelino, 2020).

Seja qual for a preferência da criança – separar ou compartilhar seu aprendizado –, ela deve ser respeitada, pois impor restrições a ela pode prejudicar sua aprendizagem.

Quando a escola conta com um bom programa de desenvolvimento linguístico da LE e oferece aos alunos qualidade e quantidade suficientes de *input*, cria-se um ambiente que propicia seu desenvolvimento, respeitando a individualidade e as habilidades naturais da criança. Por meio "dessa interação, a criança desenvolve uma gramática nuclear, a forma mais básica e natural da gramática do falante resultante apenas da interação da criança com o meio, sem interferência do conhecimento via instrução" (Marcelino, 2020, p. 64).

No contexto bilíngue, a criança, normalmente, desenvolve duas gramáticas naturais, uma para cada língua a que é exposta; no entanto, a criança pode também desenvolver a LE com características de interlíngua e de gramática nuclear (Marcelino, 2020).

---

* Cada um dos pais interage com a criança em uma língua específica.

4.3.1 Separação entre LE e L1

Segundo Baker (2001), há muitas formas de utilizar duas línguas como meio de instrução, e uma delas é separá-las no currículo escolar, ou seja, atribuir línguas diferentes a áreas distintas do currículo, para estabelecer limites entre seu uso.

De acordo com Faltis (citado por Baker, 2001), há razões para separar e/ou integrar as línguas usadas nas aulas bilíngues. Por exemplo, em alguns países, um dos objetivos da educação bilíngue é a mudança para a língua majoritária (como no caso de imigrantes), caso em que o uso concomitante de L1 e LE é comum. Com isso, não se demarcam limites para o uso das línguas, esperando-se que a língua majoritária se desenvolva à medida que a língua minoritária diminua. Em sentido oposto, se o objetivo da educação bilíngue é manter e desenvolver a língua minoritária, a delimitação de tempo e espaço de uso pode ser importante, ocorrendo em grande parte do currículo. Isso é importante porque, sem limites e separação, a língua majoritária tende a ser cada vez mais usada, podendo acarretar a exclusão gradual da língua minoritária.

Há casos, ainda, em que a associação estratégica de idiomas possibilita ao aluno melhor desempenho, de modo que o uso simultâneo deles é valorizado. Tomemos como exemplo a situação na qual um professor transmite oralmente uma ideia em espanhol e, na sequência, propõe uma atividade escrita em inglês; caso essa prática tenha reforçado e permitido melhor assimilação do conceito proposto, o uso simultâneo das línguas é importante para o desempenho do aluno (Faltism citado por Baker, 2001). Assim, de acordo com Baker (2001), o uso de duas (ou mais) línguas na sala de aula bilíngue não só é necessária, mas também desejável.

A separação das línguas na sala de aula pode ocorrer de acordo com as disciplinas escolares, as pessoas envolvidas (professores, funcionários), os lugares (sala de aula e demais espaços físicos da escola), o tempo (dia, período do dia), o tipo de atividade (*listening, speaking, reading, writing*), a função (conversas informais ou individuais com alunos e professores, explicações extras sobre o conteúdo) e/ou por escolha dos próprios alunos (Baker, 2001).

No uso simultâneo de duas ou mais línguas em sala de aula, recursos como o *code switching* e a translinguagem são estratégias de comunicação comuns, mas que raramente são sistematicamente estimuladas em sala de aula (Baker, 2001). Contudo, segundo García (2009), professores poderiam se beneficiar muito ao introduzir seu uso em sala de aula. Jacobson (citado por Baker, 2001) argumenta que o uso integrado de duas línguas pode ser valioso em uma sala de aula bilíngue, e, para tal, ele considerou quatro possibilidades:

1. **Mudança aleatória de idiomas:** É comum que falantes bilíngues troquem a língua em uso. Essa prática pode ser vista como um sinal de movimento da L1 para a LE.
2. **Tradução:** Algumas vezes é comum que o professor explique algo em português e, depois, repita a explicação em inglês. Tudo é dito duas vezes para o benefício de crianças em diferentes idiomas. O ponto negativo dessa prática é que o aluno pode optar por não ouvir quando o professor está transmitindo em sua língua mais fraca. O aluno sabe

que o mesmo conteúdo será ministrado no idioma de sua preferência e aguarda esse momento. Essa duplicação parece resultar em menos eficiência, menos valor para a manutenção do idioma e menos probabilidade de realização no currículo.

3. **Pré-visualização e revisão:** Uma estratégia no uso simultâneo de idiomas em uma sala de aula é dar uma prévia no idioma minoritário e, em seguida, a revisão completa no idioma majoritário. Por exemplo, um tópico é introduzido na língua minoritária da criança para proporcionar uma compreensão inicial e, em seguida, o assunto é exposto em profundidade na língua majoritária, ou vice-versa. Embora uma extensão e um reforço de ideias ocorram ao se passar de uma língua para outra, às vezes também há duplicação desnecessária e um ímpeto lento.

4. **Uso simultâneo proposital:** Nessa *nova abordagem concorrente*, quantidades iguais de tempo são alocadas para as duas línguas, e os professores iniciam conscientemente o movimento de uma língua para outra. Tal troca de linguagem em uma aula ocorre quando há eventos e episódios distintos com objetivos também distintos para cada língua. Deve haver um movimento consciente e planejado de uma língua para outra de maneira regular e racional. O autor sugere essa estratégia para fortalecer e desenvolver ambas as línguas, reforçando, considerando e processando os conceitos ensinados. O uso de ambas as línguas contribui para uma compreensão mais profunda do assunto estudado.

quatropontoquatro
Avaliação de escola e alunos em contextos bilíngues

É normal que pais e/ou responsáveis se sintam ansiosos sobre o processo de aprendizagem da criança, principalmente no que diz respeito à aquisição da LE. Como saber se a criança está aprendendo e se a escola está cumprindo seu papel de maneira eficaz? Há algumas maneiras de avaliar tanto os alunos quanto a escola. A seguir, comentaremos alguns desses parâmetros.

4.4.1 Avaliação da escola bilíngue

Baker (2001) defende que a eficácia da educação bilíngue é avaliada em quatro níveis. O primeiro avalia o **nível da criança de forma individual**, pois, em uma mesma sala de aula, é normal que as crianças tenham desempenhos diferentes. O segundo diz respeito à eficácia no **nível da sala de aula**, uma vez que, em uma mesma escola e em um mesmo tipo de programa de educação bilíngue, as turmas podem apresentar variar entre si. No terceiro, analisa-se a eficácia no **nível da escola**, investigando-se o que torna algumas escolas mais eficazes do que outras, ainda que seguindo um mesmo tipo de programa de educação bilíngue e com características e alunos semelhantes. Por fim, além do nível escolar, pode haver agregações de escolas em diferentes tipos de programas ou em diferentes regiões geográficas; assim, além das características individuais da sala de aula e da escola, a eficácia da educação bilíngue pode levar em consideração o **nível contextual**, isto é, o contexto social, econômico, político e cultural em que cada escola está inserida.

Então, o que torna uma escola eficaz? August e Hakuta (citados por Baker, 2001) afirmam que uma escola bilíngue eficiente é resultado de um trabalho conjunto realizado por equipe de funcionários, currículo, professores e pais. A seguir detalhamos a participação de cada um desses agentes:

- **Equipe:** Liderança solidária, focada e com propósito, formada por diretor e administração. Alto grau de comprometimento e coordenação entre professores, equipe com visão compartilhada, metas acordadas e programas de desenvolvimento de equipe.
- **Currículo:** Aulas intelectualmente desafiadoras, ativas e significativas, com currículo que tenha coerência, equilíbrio, amplitude, relevância, progressão e continuidade. Ênfase nas habilidades básicas, mas com atenção ao desenvolvimento de habilidades de pensamento de ordem superior, desenvolvimento de linguagem e alfabetização em todo o currículo. Transição suave de idiomas entre séries, avaliação sistemática, equitativa e autêntica, integrada com os objetivos de aprendizagem. Um currículo e *ethos* ocultos bilíngues e bi ou multiculturais em toda a escola, um ambiente escolar seguro e ordeiro e uma atmosfera de sala de aula construtiva e de apoio.
- **Alunos:** A escola precisa responder às necessidades individuais do aluno e aos diversos perfis da comunidade, proporcionando oportunidades para atividades dirigidas ao

aprendiz, envolvendo-os nas decisões e construindo sua confiança e autoestima, com oportunidades de prática que se ampliam e se elaboram, com *feedback* positivo e regular sempre sob monitoramento cuidadoso.
- **Pais**: Muito envolvimento dos pais, com colaboração casa-escola recíproca.

Para avaliar a eficácia da educação bilíngue, também é conveniente analisar alguns resultados gerais, por meio de exames e testes de habilidades básicas da língua (oralidade, alfabetização, letramento), bem como de outras áreas curriculares (ciência e tecnologia, humanidades, matemática, artes, atividades físicas, práticas e teóricas, habilidades, conhecimentos). Resultados não cognitivos são igualmente relevantes, incluindo frequência à escola, atitudes, autoestima, ajustamento social e emocional, emprego e desenvolvimento moral.

Todavia, mesmo escolhendo uma boa escola, o objetivo pode não ser alcançado, e vários fatores estão ligados a esse insucesso. Segundo Baker (2001), alguns deles são:

- falta de exposição à língua estrangeira;
- incompatibilidade entre casa e escola, não apenas com relação a diferenças de idioma, mas também culturais e de valores;
- fatores socioeconômicos que cercam um grupo minoritário de língua;
- tipo de escola que a criança frequenta;
- qualidade da educação;
- dificuldades reais de aprendizagem.

4.4.2 Avaliação dos alunos

Uma das preocupações comuns entre aqueles que trabalham em escolas bilíngues é obter um modelo de avaliação da aprendizagem de línguas consoante com as características desse tipo de educação. Como forma de verificar a evolução das crianças na educação bilíngue, assim como na tradicional, professores utilizam variados instrumentos de avaliação.

> **Preste atenção!**
>
> Os professores que fazem a transição das escolas de idiomas para as escolas bilíngues precisam, antes de mais nada, conscientizarem-se de que não ensinam mais a língua como objetivo principal, mas sim por meio dela. A língua, nesse contexto, é o meio de instrução de outros conteúdos, outros objetivos de ensino e aprendizagem.

Considerando que o centro da educação bilíngue não é apenas a língua, mas um conjunto de saberes, é esperado que a forma de ensinar e, por conseguinte, a de avaliar sejam diferentes. Resta, então, saber o que muda na avaliação em um ambiente de educação bilíngue.

No que diz respeito à avaliação da língua, devem ser considerados elementos condizentes com a inteligibilidade, ou seja, as habilidades de comunicação do aprendiz, sua capacidade de compreender e se fazer entender na L2. Grosjean (citado por Baker, 2001) enfatiza que a avaliação de proficiência de um idioma feita por um bilíngue deve se distanciar dos testes tradicionais de idiomas, cuja ênfase está na forma e na correção; em vez disso, a avaliação das competências do falante bilíngue deve concentrar-se em sua **competência comunicativa geral**. "Esta avaliação seria baseada na totalidade do uso da língua do bilíngue em todos os domínios, independentemente de isso envolver a escolha de um idioma em um domínio específico ou uma mistura dos dois idiomas" (Grosjean, citado por Baker, 2001, p. 9, tradução nossa).

Os testes usados por falantes bilíngues, muitas vezes, são aqueles desenvolvidos com base em testes monolíngues, e, como já mencionamos, falantes bilíngues não são a simples soma de dois falantes monolíngues. Tal configuração de idioma dos bilíngues significa que, por exemplo, o desempenho de um bilíngue na língua inglesa não deve ser comparado com a competência de um monolíngue falante de inglês como LM. Portanto, a avaliação deve ser feita de maneira diversa, observando o desenvolvimento do aluno e o contexto bilíngue.

Harget (1998) sugere que duas perguntas sejam feitas antes de qualquer processo avaliativo, com o fito de se esclarecer seus objetivos:

1. Quais informações sobre o aluno foram divulgadas?
2. De que modo essas informações serão usadas?

Os instrumentos formais de avaliação, como as provas escritas, fornecem dados sobre o aluno que não podem ser acessados pela simples observação. Eles também são uma forma de documentar as informações de avaliação para pais, outros professores e outros profissionais da educação. Ao avaliar alunos aprendizes de inglês como L2, algumas perguntas relevantes, segundo Harget (1998), devem ser respondidas:

- O aluno consegue compreender a linguagem oral de uma aula-padrão?
- O aluno consegue ler e escrever a L2 em nível semelhante ao de seus colegas de turma?
- O aluno precisa de reforço em L2? Em caso positivo, qual seria seu nível?
- O aluno lê e escreve em L1 de acordo com o nível do ano que está cursando?
- As habilidades acadêmicas do aluno em L1 estão de acordo com o nível do ano que está cursando?
- Quais são os aspectos específicos de gramática ou vocabulário de L2 que faltam ao aluno?
- O aluno está progredindo nas habilidades de comunicação oral ou escrita em L2?

Com base nesses questionamentos de Harget (1998), propomos um quadro em que listamos essas questões e os aspectos que as atividades avaliativas devem contemplar.

QUADRO 4.2 – QUESTÕES E SUGESTÕES PARA AVALIAÇÃO

Pergunta	Avaliação
O aluno consegue compreender a linguagem oral de uma aula-padrão?	A tarefa deve estimular a linguagem oral de uma turma regular.

(continua)

(Quadro 4.2 – conclusão)

Pergunta	Avaliação
O aluno consegue ler e escrever a L2 em nível semelhante ao de seus colegas de turma?	A proposta a ser apresentada ao aluno que leia ou escreva algo adequado para aquele nível linguístico.
O aluno precisa de reforço em L2? Em caso positivo, qual seria seu nível??	As atividades precisam apresentar diferentes níveis de dificuldade – do nível de ensino esperado até pouco ou nenhum conhecimento em L2.
O aluno lê e escreve em L1 de acordo com o nível do ano que está cursando?	O professor deve saber qual nível de conhecimento de L2 é desejado; as tarefas devem exigir que o aluno leia e escreva algo nesse nível.
As habilidades acadêmicas do aluno em L1 estão de acordo com o nível do ano que está cursando?	As tarefas devem ser compostas no nível de L1 esperado para a série/ano nas áreas acadêmicas de interesse.
Quais são os aspectos específicos de gramática ou vocabulário de L2 que faltam ao aluno?	A tarefa deve apontar estruturas gramaticais ou vocabulário específicos.
O aluno está progredindo nas habilidades de comunicação oral ou escrita em L2?	A tarefa deve abranger uma variação de dificuldade, que vai do conhecimento inicial do aluno até o nível que se espera que o aprendiz atinja após a instrução.

FONTE: Elaborado com base em Harget, 1998.

De acordo com as novas DCNs para a oferta de educação plurilíngue (Brasil, 2020), o desempenho dos alunos nas disciplinas ministradas na LE como meio de instrução deve ser avaliado conforme o currículo da escola. No que diz respeito à proficiência na LE, de acordo com o documento, espera-se que 80% dos alunos atinjam o nível A2 de proficiência ao fim do 6º ano do ensino fundamental; B1 até o término do 9º ano do ensino fundamental e B2 até o fim do 3º ano do ensino médio (British Council, 2014), conforme dispõe o Common European Framework of Reference for Languages (CEFR), ou Quadro Comum Europeu de Referência para Línguas, em português (British Council Brasil, 2023).

Desde 2001, o CEFR é utilizado como padrão internacional para descrever os conhecimentos e as habilidades necessários na proficiência em um idioma. Os níveis são divididos em A1 e A2 (níveis básicos), B1 e B2 (intermediários) e C1 e C2 (avançados). Observe, no Quadro 4.3, o que o CEFR diz a respeito desses níveis e o que os falantes devem ser capazes de fazer quando atingem cada um deles.

Quadro 4.3 – Quadro Comum Europeu de Referência para Línguas

	A1 Iniciante	A2 Básico
A – Básico	É capaz de compreender e usar expressões familiares e cotidianas, assim como enunciados muito simples, que visam satisfazer necessidades concretas. Pode apresentar-se e apresentar outros e é capaz de fazer perguntas e dar respostas sobre aspectos pessoais como, por exemplo, o local onde vive, as pessoas que conhece e as coisas que têm. Pode comunicar de modo simples, se o interlocutor falar lenta e distintamente e se mostrar cooperante.	É capaz de compreender frases isoladas e expressões frequentes relacionadas com áreas de prioridade imediata (p. ex.: informações pessoais e familiares simples, compras, meio circundante). É capaz de comunicar em tarefas simples e em rotinas que exigem apenas uma troca de informação simples e direta sobre assuntos que lhe são familiares e habituais. Pode descrever de modo simples a sua formação, o meio circundante e, ainda, referir assuntos relacionados com necessidades imediatas.

(continua)

(Quadro 4.3 – continuação)

	B1 Intermediário	B2 Usuário independente
B – Independente	É capaz de compreender as questões principais, quando é usada uma linguagem clara e estandardizada e os assuntos lhe são familiares (temas abordados no trabalho, na escola e nos momentos de lazer etc.). É capaz de lidar com a maioria das situações encontradas na região onde se fala a língua-alvo. É capaz de produzir um discurso simples e coerente sobre assuntos que lhe são familiares ou de interesse pessoal. Pode descrever experiências e eventos, sonhos, esperanças e ambições, bem como expor brevemente razões e justificações para uma opinião ou um projeto.	É capaz de compreender as ideias principais em textos complexos sobre assuntos concretos e abstratos, incluindo discussões técnicas na sua área de especialidade. É capaz de comunicar com certo grau de espontaneidade com falantes nativos, sem que haja tensão de parte a parte. É capaz de exprimir-se de modo claro e pormenorizado sobre uma grande variedade de temas e explicar um ponto de vista sobre um tema da atualidade, expondo as vantagens e os inconvenientes de várias possibilidades.

(Quadro 4.3 – conclusão)

	C1 **Proficiência operativa eficaz**	C2 **Domínio pleno**
C – Proficiente	É capaz de compreender um vasto número de textos longos e exigentes, reconhecendo os seus significados implícitos. É capaz de se exprimir de forma fluente e espontânea sem precisar procurar muito as palavras. É capaz de usar a língua de modo flexível e eficaz para fins sociais, acadêmicos e profissionais. Pode exprimir-se sobre temas complexos, de forma clara e bem estruturada, manifestando o domínio de mecanismos de organização, de articulação e de coesão do discurso.	É capaz de compreender, sem esforço, praticamente tudo o que ouve ou lê. É capaz de resumir as informações recolhidas em diversas fontes orais e escritas, reconstruindo argumentos e fatos de um modo coerente. É capaz de se exprimir espontaneamente, de modo fluente e com exatidão, sendo capaz de distinguir finas variações de significado em situações complexas.

FONTE: British Council Brasil, 2023.

quatropontocinco
Expectativas e realidade

Para García (2009, p. 12, tradução nossa), a educação bilíngue "tem o potencial de ser uma prática escolar transformadora, capaz de educar todas as crianças de forma que estimula e amplia seu intelecto e imaginação, à medida que desenvolvem formas de expressão e acessam diferentes maneiras de estar no mundo".

Nesse sentido, além das vantagens linguísticas e cognitivas, há outras nos âmbitos social e cultural. Ao vivenciarem a aprendizagem em contexto bilíngue, os alunos desenvolvem maior consciência cultural tanto em âmbito interno quanto externo (García, 2009), uma vez que são apresentados a uma maneira diferente de perceber o mundo e apreciar a diversidade, compreendendo diferentes realidades sociais e linguísticas. Desse modo, língua e cultura são indissociáveis; a esse respeito, Baker (2001, p. 272, tradução nossa) afirma que "uma língua separada de sua cultura é como um corpo sem alma".

Muitos pais e/ou responsáveis têm o desejo de matricular seus filhos, netos, sobrinhos etc. em uma escola bilíngue, pois, para eles, esse tipo de instrução é um "carimbo" no passaporte cultural da criança. As crenças e as expectativas desses pais e/ou responsáveis são altas e, muitas vezes, os valores investidos nessas instruções comprometem boa parte do orçamento familiar. Assim, esses pais e/ou responsáveis querem verificar o retorno de seus investimentos rapidamente; esperam que a criança desenvolva conhecimentos, principalmente na LE, de forma rápida e tornem-se fluentes ainda bem jovens.

No entanto, isso depende de alguns fatores e pode variar segundo as particularidades de cada escola, o tempo reservado ao uso da L2, a exposição da criança a um *input* de qualidade e quantidade e, principalmente, às particularidades da criança (Marcelino, 2020).

Sobre as diferenças entre as escolas, alguns fatores devem ser considerados, como aponta Megale (2019):

- tipo de programa utilizado na escola em relação ao tempo de exposição à L2;
- necessidade do planejamento de um programa de desenvolvimento linguístico, com enfoque no enriquecimento do *input* direcionado às crianças, para evitar situações em que as crianças bilíngues entendam tudo na L2, mas respondam sempre na L1, tornando-se apenas ouvintes proficientes na língua-alvo;
- a L2 deve ser suficientemente utilizada para ser caracterizada como língua de instrução e como língua do contexto escolar, muitas vezes é interpretada pelos aprendizes como a língua da sala de aula;
- as crianças no contexto bilíngue devem entender que a língua é real e que constrói a identidade da escola, sendo sua língua de contexto; do contrário, a L2 torna-se útil e significativa apenas para algumas atividades.

4.5.1 Principais dúvidas sobre ensino bilíngue

Há muitas dúvidas quanto ao papel da família na educação bilíngue e, para sanar algumas delas, Marcelino (2020) apresenta algumas respostas, das quais destacamos as seguintes:

Meu filho confundirá as duas línguas?

Devemos compreender que a criança está desenvolvendo duas línguas, e não uma; mas isso não gera confusão. O desenvolvimento do bilíngue é diferente do monolíngue e apresenta características das duas línguas. A criança aprenderá a diferenciar onde, com quem e por que deve utilizar cada uma delas.

Meu filho será um falante nativo?

Nenhuma escola, bilíngue ou internacional, pode garantir que a criança se tornará um falante nativo, mesmo em casos em que haja bons materiais, excelentes professores e ambiente linguístico rico na língua-alvo. Precisamos considerar a peça principal do processo: a criança. Também vale lembrar que hoje se reconhece que o objetivo não é falar como nativo; mais importante é conseguir se comunicar de modo eficiente.

Se a criança não fala inglês comigo, significa que ela não está aprendendo?

Devemos esperar que a criança utilize a L2 em casa apenas se for espontâneo, pois é normal que ela separe o uso das línguas. Para as crianças, cada falante é uma referência, e essa referência deve ser consistente. Se, em casa, a língua utilizada é o português, não se deve mudar de língua repentinamente apenas para checar se a criança está aprendendo ou não, pois isso gera ansiedade e atrapalha seu desenvolvimento e aprendizado de forma geral. No entanto, se, no ambiente familiar, já existe o costume de utilizar a língua inglesa (ou qualquer outra LE), isso pode ser mantido, mas não necessariamente intensificado.

O contato com duas línguas pode atrapalhar a fase da alfabetização?

Ainda nos anos iniciais, a criança começa a perceber que a língua é representada graficamente, o que ocorre muito antes do processo de alfabetização. Ao passar pela formalização da aquisição da escrita, ela levanta hipóteses, comete "erros" e apresenta diversas características comuns a essa fase, que resultam na alfabetização. Se ela estiver exposta a duas línguas, o mesmo ocorrerá, com a manifestação dessas características também na outra língua.

Como meu filho estuda em uma escola bilíngue inglês-português, eu também devo ter conhecimentos de língua inglesa?

Na escola, a comunicação e suas atividades de ensino podem ser total ou parcialmente em inglês. A criança aprenderá músicas, histórias infantis e até vocabulário que ainda não conhece em português, e é natural que queira dividir com os pais e/ou responsáveis seus conhecimentos e descobertas. Nesse sentido, é de grande motivação e incentivo para o desenvolvimento linguístico da criança que os pais participem ativamente da vida escolar dos filhos, de modo que, ao menos conhecimentos de leitura e compreensão auditiva (*reading* e *listening*) na língua inglesa, são importantes.

4.5.2 Como colaborar com o ensino bilíngue

A família desempenha um papel importante no desenvolvimento escolar da criança, e isso não seria diferente na educação bilíngue. Os familiares podem ajudar de várias formas, com destaque para o exemplo, a prática constante e as formas diferentes de aprender.

- **Exemplo:** Crianças aprendem muito pelo exemplo, de modo que é interessante para a família se comprometer com o aprendizado e aprender ou aprimorar seus conhecimentos na LE utilizada na escola bilíngue. Isso motiva a criança em seus estudos e gera um momento de interação entre elas e os pais e/ou responsáveis.
- **Prática constante:** O aprendizado de uma língua ultrapassa a sala de aula, é um processo contínuo e, como já indicamos, quanto maior a exposição à língua, melhor. Quando os pais e/ou responsáveis aprendem junto ou já dominam o idioma, é possível criar atividades e situações em casa para incentivar e motivar o contato com a língua-alvo. A família pode utilizar a L2 em algumas atividades e brincadeiras, em momentos do cotidiano, determinar um tempo em que só falarão na L2, entre outras possibilidades.
- **Diversas formas de aprender:** Quando uma criança aprende uma LE, esse processo deve ser realizado de modo lúdico. Para isso, as famílias podem incentivar as crianças a aprimorar o idioma utilizando o tempo livre em atividades como assistir a filmes, seriados, ouvir *podcasts*, fazer jogos e

brincadeiras etc. Inserir a L2 no cotidiano familiar contribui de forma positiva para a aprendizagem, pois o contexto bilíngue é transposto da escola para a casa, onde a criança pode vivenciar situações práticas de uso.

Síntese

Neste capítulo, especificamos as diferenças entre escola bilíngue, escola internacional e escola de idiomas, bem como algumas características que escolas bilíngues devem ter, de acordo com as novas DCNs para a oferta de educação plurilíngue, de 2020.

No que diz respeito à LE, descrevemos o desenvolvimento e o uso dela, assim como sua avaliação em contextos bilíngues. Finalizamos o capítulo discutindo sobre as expectativas de pais e/ou responsáveis relacionadas à educação bilíngue.

Atividades de autoavaliação

1. Analise as afirmações a seguir sobre o ensino bilíngue e marque V paras as verdadeiras e F para as falsas:
   ( ) A educação bilíngue não é um fenômeno recente.
   ( ) Educação bilíngue oferece instrução *na* língua-alvo em vez de instrução *da* língua-alvo.
   ( ) Escolas indígenas e escolas para surdos não são consideradas escolas bilíngues.
   ( ) Escolas bilíngues não precisam se adequar a diretrizes do MEC, podendo seguir unicamente currículos escolares de países estrangeiros.

(   ) Para ser considerada bilíngue, uma escola deve ter carga horária de, no mínimo, 30% e, no máximo, 50% das atividades curriculares na língua-alvo na educação infantil e no ensino fundamental e, no mínimo, 20% no ensino médio.

Agora, assinale a alternativa que corresponde à sequência correta de preenchimento dos parênteses, de cima para baixo:

a. V, V, F, F, F.
b. V, V, F, F, V.
c. F, V, F, F, F.
d. V, V, V, F, F.
e. V, V, F, V, F.

2. Com relação às escolas internacionais, assinale a afirmativa que **não** as representa:

a. No início, o objetivo principal das escolas internacionais era receber filhos de diplomatas e expatriados que gostariam de manter as relações culturais com seus países de origem.
b. De acordo com as DCNs para a oferta de educação plurilíngue, uma escola internacional difere da bilíngue por conter currículo que atende tanto aos requisitos da política educacional brasileira quanto aos da estrangeira.
c. Não há preocupação, por parte do Ministério de Educação, de que as escolas internacionais sigam legislação e normas brasileiras.
d. A primeira escola internacional do Brasil foi a Deutsche Schule, fundada por imigrantes alemães em 1878.
e. Os alunos de escolas internacionais têm diplomas com dupla validação.

3. Leia as afirmativas a seguir e marque B para escola bilíngue ou I para escola de idioma:
( ) A LE é abordada como uma disciplina.
( ) O objetivo geral é a competência em LE.
( ) A LE é vista como meio de instrução.
( ) A língua é ensinada de forma explícita.
( ) Procura integrar língua e conteúdo.

Agora, assinale a alternativa que corresponde à sequência correta de preenchimento dos parênteses, de cima para baixo:
a. I, I, B, I, B.
b. I, B, B, I, B.
c. B, I, B, B, I.
d. I, B, B, I, B.
e. B, I, B, B, B.

4. Quanto ao desenvolvimento e ao uso de LE e L1, indique V para as afirmativas verdadeiras e F para as falsas:
( ) Crianças envolvidas em contextos bilíngues desde muito cedo tendem a se identificar com as línguas em seu entorno.
( ) Durante o processo de aquisição, é comum que a criança delimite os espaços de uso das línguas e as separe de acordo com os contextos e as pessoas envolvidas.
( ) Independentemente do *input*, da individualidade e das habilidades naturais da criança, ela aprende uma LE no contexto da escola bilíngue.

Agora, assinale a alternativa que corresponde à sequência correta de preenchimento dos parênteses, de cima para baixo:

a. F, V, F.
b. V, F, V.
c. F, V, V.
d. V, V, V.
e. V, V, F.

5. De acordo com o Quadro Comum Europeu de Referência para Línguas (British Council Brasil, 2022), uma pessoa com nível de proficiência B2 é capaz de:

I. Compreender ideias principais em textos sobre assuntos concretos e abstratos.
II. Compreender, sem esforço, praticamente tudo o que ouve e lê.
III. Comunicar-se com certo grau de espontaneidade com falantes nativos, sem que haja tensão de parte a parte.
IV. Expor razões e justificações breves para uma opinião ou projeto.
V. Exprimir-se de modo claro e pormenorizado sobre uma grande variedade de temas.

São verdadeiras apenas as sentenças:

a. I, II e III.
b. II, III e V.
c. I, IV e V.
d. I, III e IV.
e. III, IV e V.

Atividades de aprendizagem

Questões para reflexão

1. O que é educação bilíngue e como ela difere do ensino de LE?

2. Quais são os benefícios da educação bilíngue e quem são os beneficiários em potencial?

Atividade aplicada: prática

1. Converse com um(a) professor(a) de escola bilíngue e faça a ele(a) algumas perguntas baseadas nas informações expostas neste capítulo para compreender as diferenças entre as escolas monolíngue e bilíngue. Você pode utilizar as sugestões a seguir e outras perguntas que julgar pertinentes.

   - Há quanto tempo trabalha na escola bilíngue?
   - Trabalhou em escola monolíngue anteriormente?
   - Por que optou pela escola bilíngue?
   - Quais são as principais diferenças entre as escolas bilíngue e monolíngue?
   - Como observa a evolução no aprendizado de LE pelos alunos da escola bilíngue?
   - Há separação de uso das línguas de acordo com conteúdo, período etc.? Por exemplo, algumas disciplinas são ministradas apenas em português; em alguns momentos da aula só é permitido falar inglês?
   - Como é feita a avaliação de conhecimentos dos alunos?
   - Quais são os principais desafios de um professor de escola bilíngue?

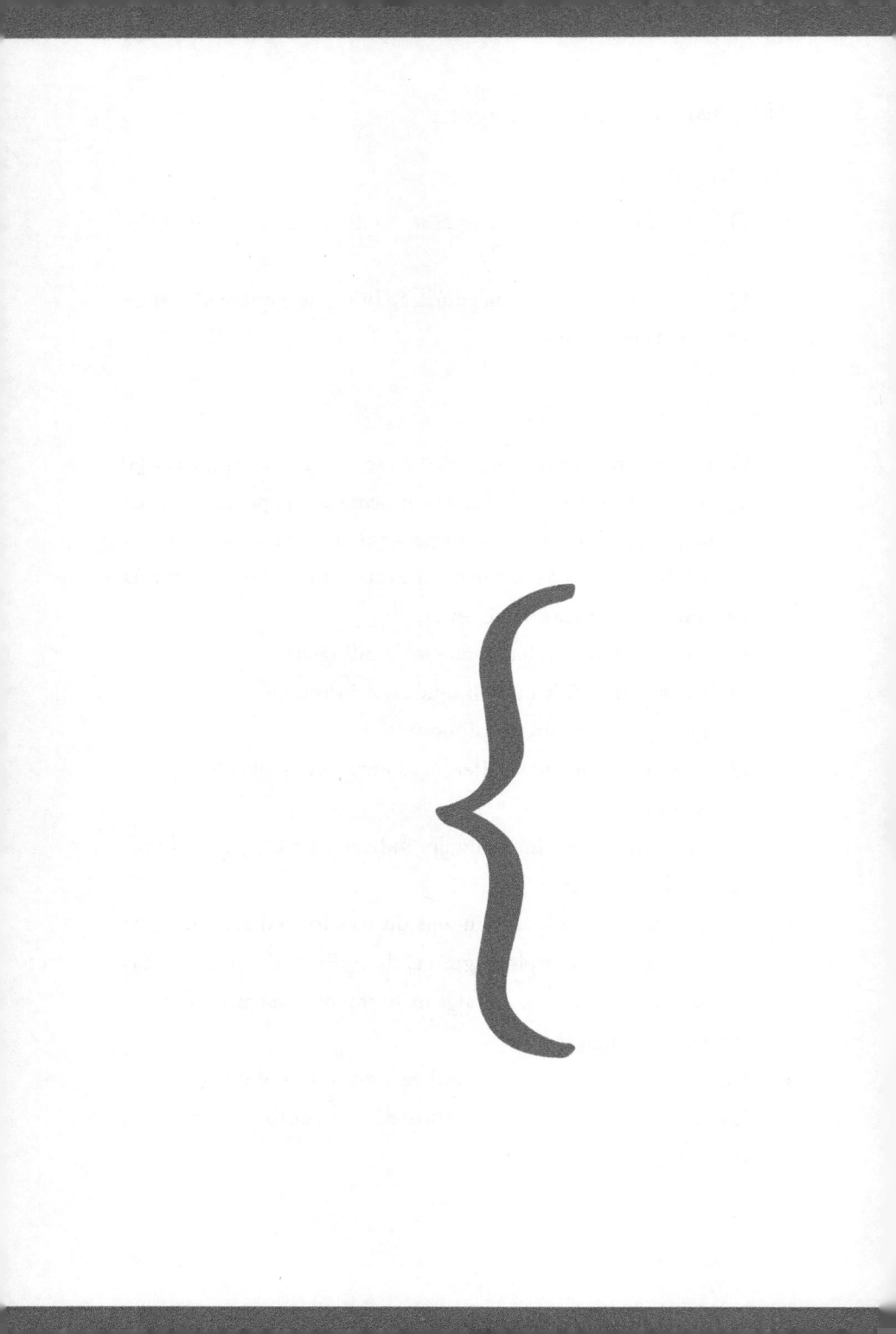

{

um	Bilinguismo: definições e dimensões
dois	O cérebro bilíngue
três	Bilinguismo e aquisição-aprendizagem de língua estrangeira
quatro	Educação bilíngue
# cinco	**O professor e a escola bilíngue**
seis	Futuro da educação bilíngue

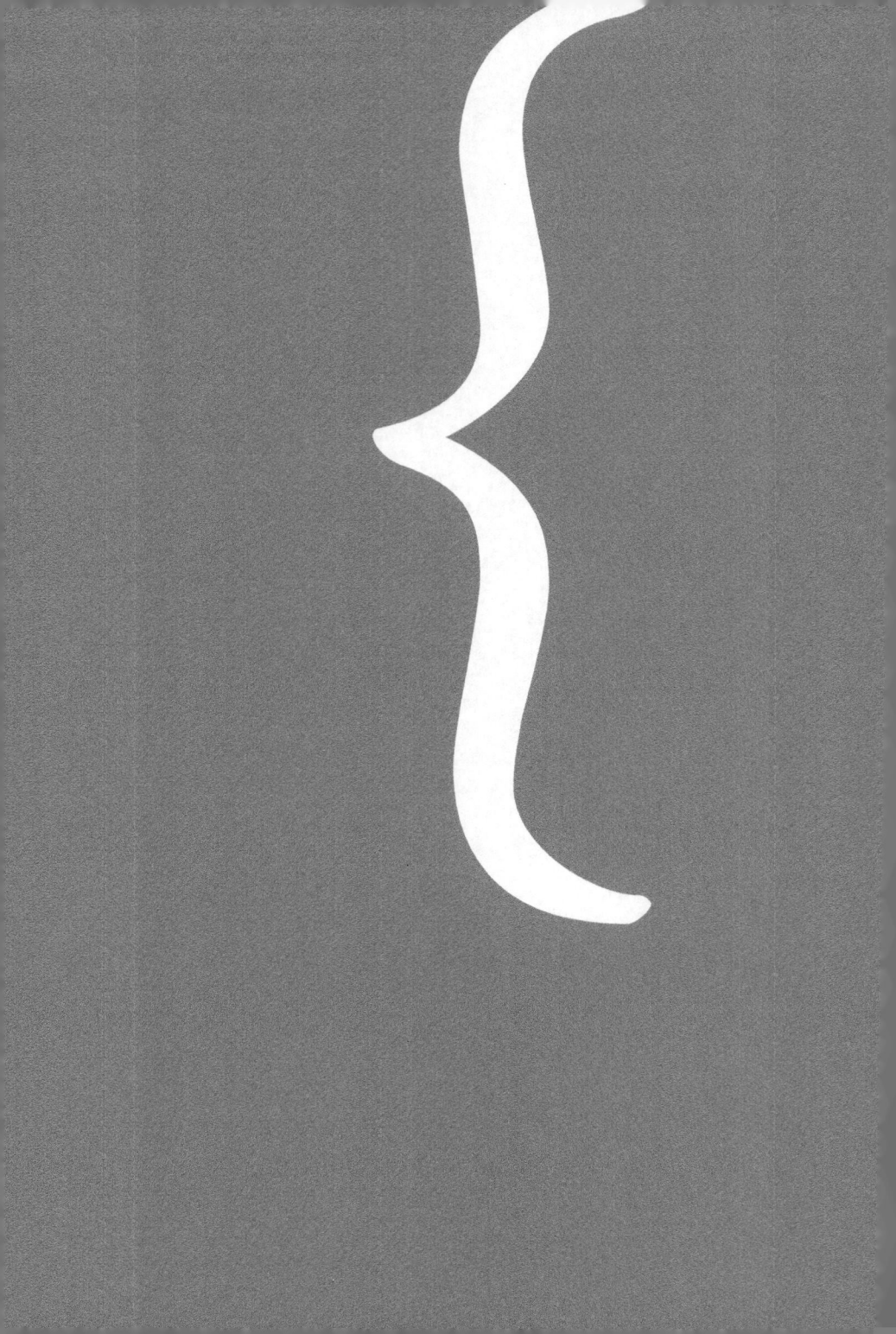

❰ NESTE CAPÍTULO, VOLTAREMOS nossa atenção para a figura do docente e para as aulas de educação bilíngue. Iniciaremos tratando de formação, características e desafios do professor; em seguida, detalharemos as duas abordagens mais utilizadas no ensino bilíngue: (1) Content and Language Integrated Learning (CLIL) e (2) Content-Based Instruction (CBI), bem como o papel que as metodologias ativas podem desenvolver nesse tipo de ensino.

Finalizaremos o capítulo observando a importância do currículo da escola bilíngue e as características que o diferem do monolíngue. Todos os temas aqui expostos serão pautados nas novas Diretrizes Curriculares Nacionais (DCNs) para a oferta de educação plurilíngue.

cincopontoum
Formação docente para o ensino bilíngue

A maior procura pelas escolas bilíngues fez crescer a demanda por bons profissionais, com formação e experiência nesse tipo de educação. Até recentemente, não havia regulamentação sobre a experiência e a formação requeridas desses profissionais; isso ficava a cargo de cada escola. Os docentes que optam por atuar na educação bilíngue têm o desafio de ensinar por meio de duas línguas de instrução. Não ensinam apenas *a* língua, mas *na* língua. Segundo Moura (2010), esses profissionais precisam adaptar sua prática a contextos linguísticos e culturais complexos, mesmo sem contar com formação específica.

A aprovação das DCNs para a oferta de educação plurilíngue foi uma grande vitória no campo da educação bilíngue, pois, até então, a formação de professores bilíngues tomava de empréstimo algumas das resoluções da Base Nacional Comum para a Formação Inicial de Professores da Educação Básica (BNC-Formação), que, em momento nenhum, cita a educação bilíngue. O documento das DCNs separa as competências profissionais do docente em três dimensões: (1) conhecimento profissional, (2) prática profissional e (3) engajamento profissional (Brasil, 2019).

A dimensão do **conhecimento profissional** diz respeito à formação específica e ao entendimento que o professor tem de sua área de atuação, o que o capacita para *saber* e *saber fazer*, pois, conforme a BNC-Formação (Brasil, 2019, p. 16), "Na profissão docente, o conhecimento profissional não está desvinculado da prática profissional". Segundo Megale (2020), adaptando essa ideia à formação do professor bilíngue, há duas esferas de conhecimentos essenciais: (1) os relacionados aos diferentes componentes curriculares que lecionam; e (2) a língua de instrução utilizada. O professor deve também estar familiarizado com as didáticas referentes aos conteúdos que ensina, com os componentes curriculares específicos, com a didática e o projeto político-pedagógico (PPP) empregados pela escola, pois as escolas bilíngues diferem, como já comentamos, umas das outras.

Ainda segundo a BNC-Formação (Brasil, 2019, p. 16), "A prática docente é a associação contínua entre o objeto de conhecimento e o objeto de ensino", o que define a segunda dimensão: a **prática profissional**. Esta se refere à capacidade do docente de definir objetivos ligados aos conteúdos com os quais trabalha e ao desenvolvimento da língua relacionada a esses conteúdos, assim como à necessidade de planejar atividades de ensino com base neles. A formação profissional do docente em construção tem dois propósitos: o conhecimento e o desenvolvimento de competências.

A terceira dimensão é o **engajamento profissional** do professor, que corresponde às possibilidades do docente de identificar necessidades de desenvolvimento profissional e agir diante desse reconhecimento. Para tanto, é preciso que ele conheça a si mesmo e sua área de atuação, sendo capaz de refletir e analisar sua prática constantemente. Para a BNC-Formação (Brasil, 2019, p. 17), o engajamento profissional, "pressupõe o compromisso consigo mesmo (desenvolvimento pessoal e profissional), o compromisso com o outro (aprendizagem e pleno desenvolvimento do estudante) e o compromisso com os outros (interação com colegas, atores educacionais, comunidade e sociedade)".

O Quadro 5.1 apresenta as competências específicas para a formação do professor.

QUADRO 5.1 – COMPETÊNCIAS ESPECÍFICAS PARA A FORMAÇÃO DO PROFESSOR

1. Conhecimento profissional	2. Prática profissional	3. Engajamento profissional
1.1 Dominar os objetos de conhecimento e saber como ensiná-los.	2.1 Planejar as ações de ensino que resultem em efetivas aprendizagens.	3.1 Comprometer-se com o próprio desenvolvimento profissional.
1.2 Demonstrar conhecimento sobre os estudantes e como eles aprendem.	2.2 Criar e saber gerir ambientes de aprendizagem.	3.2 Comprometer-se com a aprendizagem dos estudantes e colocar em prática o princípio de que todos são capazes de aprender.
1.3 Reconhecer os contextos	2.3 Avaliar o desenvolvimento do educando, a aprendizagem e o ensino.	3.3 Participar do Projeto Pedagógico da escola e da construção dos valores democráticos.

(continua)

(*Quadro 5.1 – conclusão*)

1. Conhecimento profissional	2. Prática profissional	3. Engajamento profissional
1.4 Conhecer a estrutura e a governança dos sistemas educacionais.	2.4 Conduzir as práticas pedagógicas dos objetos conhecimento, competências e habilidades.	3.4 Engajar-se, profissionalmente, com as famílias e com a comunidade.

FONTE: Brasil, 2019, p. 18.

Durante muitos anos, as escolas bilíngues, as de idiomas e as internacionais davam preferência a professores que fossem falantes nativos das línguas que ensinavam. Era um período em que reinava o "mito do falante nativo", em que era valorizado mais o fato de o professor ser nativo do que sua formação profissional, pois se acreditava que, simplesmente por ter nascido no país onde a língua em questão é falada como LM, qualquer nativo estava apto a lecioná-la. De acordo com essa crença, todo falante nativo está preparado para ensinar sua LM, o que obviamente não é verdade, pois, se assim fosse, todos nós, brasileiros, seríamos capazes de ensinar a língua portuguesa. Para ensinar uma língua, não basta conhecer sua fonética, morfologia, sintaxe e uso, o professor de educação bilíngue deve, além de ensinar *a* língua, ensinar *na* língua. Por isso, surgiu a necessidade de padronizar os requisitos e a formação dos candidatos a professores interessados em trabalhar na educação bilíngue. As novas DCNs para a oferta de educação plurilíngue dedicam um capítulo à formação do professor.

No que diz respeito aos conhecimentos linguísticos desse profissional, as novas diretrizes exigem comprovação de nível de proficiência na língua-alvo de, no mínimo B2, de acordo com a Common European Framework for Languages (CEFR). Além disso, é exigido do profissional que atuará na educação infantil e nos anos iniciais do ensino fundamental em escolas bilíngues a graduação em Pedagogia ou em Letras; formação complementar em educação bilíngue, por meio de curso de extensão com, no mínimo, 120 horas; pós-graduação *lato sensu*; mestrado ou doutorado reconhecidos pelo Ministério da Educação (MEC). Para aqueles que lecionam nos anos finais do ensino fundamental e médio, é exigido, além dos requisitos anteriores, que tenha, no caso de ministrar outras disciplinas do currículo, licenciatura correspondente à área curricular de atuação na educação básica. A partir de 2022, as Diretrizes preveem que o profissional deve ter formação em Pedagogia e/ou Letras específica para educação bilíngue (Brasil, 2020).

Obviamente, o professor de educação bilíngue deve ter, ainda, outras características não previstas no documento oficial. Segundo Megale (2018), é desejável que o docente de ensino bilíngue tenha: conhecimento acerca do bilinguismo e do processo de se tornar bilíngue; compreensão sobre os processos e os fatores envolvidos nos multiletramentos; conhecimento linguístico da língua de trabalho; entendimento sobre as teorias de aquisição de LM e de L2; valorização da pluralidade cultural; compreensão da organização de currículos e de planejamentos sobre ensino por meio de duas línguas; compreensão de teorias e modelos educacionais bilíngues; domínio da área de conhecimento na qual realiza seu trabalho etc. O professor da educação bilíngue, consoante Megale (2020), tem de objetivar o desenvolvimento da linguagem utilizada em sala de aula referente aos componentes curriculares comuns às duas línguas que coexistem na escola – a língua de nascimento dos alunos e a língua adicional.

Salgado et al. (citados por Megale, 2018, p. 5) ressaltam que a educação bilíngue não consiste apenas em inserir uma L2 no repertório do aluno, sendo, em verdade, o processo que visa ao "desenvolvimento de práticas linguísticas complexas que abrangem múltiplos e, muitas vezes, contextos sociais diversificados", o que exige formação qualificada dos professores. Sobre isso, os autores acrescentam que o docente da educação bilíngue

> *deve estar apto a lidar com um sistema dinâmico em que duas ou mais línguas participam em níveis quase sempre variados projetando diversos graus de proficiência linguística nas muitas práticas das línguas e com experiências de muitas culturas.* (Salgado et al., citados por Megale, 2018, p. 14)

No que diz respeito à formação dos professores das escolas bilíngues, de acordo com Megale e Liberali (2016), mesmo com o crescimento dessa modalidade de ensino no país, ainda são poucos os programas de formação de professores que se dedicam a aspectos teóricos e práticos voltados ao bilinguismo e à educação bilíngue.

Até então, a falta de regulamentação para a formação de professores ecoou na ausência de disciplinas na grade curricular dos cursos de Letras e/ou Pedagogia voltadas ao bilinguismo e à educação bilíngue. Os cursos de Letras que contam com disciplinas voltadas ao ensino bilíngue ainda são raros. Mais comuns são os cursos de extensão e pós-graduação *lato senso* ofertados de maneira presencial e a distância. Por ser uma área em constante crescimento, a tendência é que cada vez mais instituições de ensino superior (IES) comecem a ofertar formação com ênfase em bilinguismo e educação bilíngue, algo premente, tendo em vista o cenário atual.

cincopontodois
Principais desafios do professor da educação bilíngue

O profissional que tiver as qualificações necessárias e escolher atuar na educação bilíngue enfrentará alguns desafios que, muitas vezes, não enfrentaria na educação tradicional monolíngue, porém terá a oportunidade de atuar num segmento em crescimento.

O professor de ensino bilíngue é o responsável pela mediação entre língua, cultura e conteúdo, inserindo seus alunos culturalmente num mundo cada vez mais globalizado. Sendo assim, as responsabilidades e os desafios desse profissional são grandes.

O ensino bilíngue demanda diferentes formas de ensinar e, para isso, existem metodologias e abordagens especiais, como o CLIL e o CBI, além das metodologias ativas que são utilizadas na educação monolíngue. Muitos profissionais apontam a falta de treinamento no uso das metodologias utilizadas na escola bilíngue como um fator de dificuldade para a realização de seu trabalho.

De acordo com Banegas (2012), os professores precisam ter ciência dos objetivos da utilização de uma ou outra abordagem na implementação das metodologias aplicadas à educação bilíngue. Por isso, é necessário que administração e professores trabalhem em conjunto e que seja ofertado ao corpo docente formação efetiva para trabalhar com as abordagens adotadas pela escola.

> **Importante!**
>
> O constante desenvolvimento do corpo docente pode auxiliar os professores – tanto de línguas quanto das demais disciplinas escolares – a ensinar de forma colaborativa matérias para as quais não foram inicialmente treinados (Banegas, 2012).

Outra questão levantada por Ballman (citado por Banegas, 2012) é a falta de materiais apropriados para o uso em contextos bilíngues, principalmente aqueles relacionados ao cotidiano. Para o pesquisador, a carência desses materiais gera maior carga de trabalho para os professores, que devem pesquisar e produzir os materiais que aplicarão com os alunos. No contexto brasileiro, o material didático também pode configurar um problema, pois muitos deles são desenvolvidos para o ensino de conteúdo em inglês como meio de instrução, porém nem sempre eles estão de acordo com a BNCC (Sousa; Camargo, 2020).

Outras situações também podem interferir na prática do professor. Segundo Anderson (citado por Sousa; Camargo, 2020), a ausência de técnicas de ensino e a dúvida sobre a avaliação dos alunos são dois exemplos. Em pesquisa realizada por Sousa e Camargo (2020) com 87 professores que atuam na educação bilíngue em vários estados do país, alguns dos principais desafios citados pelos profissionais foram:

- indisciplina dos alunos;
- necessidade de adaptar o conteúdo para alunos com diferentes níveis de conhecimento da LE;
- alunos com dificuldades de aprendizagem;
- dificuldades com a gestão da escola;
- alto número de alunos por sala de aula;
- falta de suporte e/ou acompanhamento pedagógico por parte da escola.

Portanto, os desafios são muitos, principalmente no que diz respeito à falta de formação, havendo outros relacionados ao dia a dia da sala de aula e aos alunos. A seguir, apresentamos algumas sugestões fornecidas pela Equipe SEB (2020) de ações a serem tomadas pelos professores.

Conhecer o contexto dos alunos

Em uma escola bilíngue, assim como em qualquer em outra, é preciso levar em consideração o contexto dos alunos, abrangendo idade, região, histórico familiar etc. Conhecer as especificidades dos alunos auxilia os docentes na preparação de aulas e atividades mais adequadas.

Integrar disciplinas
A integração entre disciplinas é uma peculiaridade da educação bilíngue, pois seu objetivo é justamente criar pontes entre língua e conteúdo. Sendo assim, é esperado que os conteúdos das disciplinas se integrem, de forma que propiciem maior interação, oportunidades de colaboração e pensamento crítico.

Considerar o contexto escolar e o da sala de aula
Os contextos escolar e da sala de aula na educação bilíngue diferem daqueles comuns no ensino tradicional monolíngue, pois, no primeiro há o uso de duas (ou mais) línguas como meio de instrução. É papel do professor acolher o aluno nesse novo contexto de ensino e estimular sua participação, interação e crescimento, para que ocorra evolução de aprendizagem. Assim, a sala de aula é como um laboratório, no qual oportunidades são criadas para que se desenvolvam saberes e habilidades. É no momento das interações cotidianas que o aluno progride, e cabe ao professor criar situações para que esse aprendizado ocorra.

Respeitar a língua e estimular a empatia
Faz parte do cotidiano do sujeito bilíngue a exposição a diferentes realidades, experiências e contextos culturais, o que estimula nos aprendizes maior empatia e atitudes positivas ante outras culturas (Baker, 2001). O professor da educação bilíngue é quem apresenta aos alunos essas diferenças, sejam elas do campo linguístico, sejam do cultural. Para isso, ele pode se valer de exemplos de distintos grupos de pessoas, países e culturas, o que amplia as possibilidades comunicativas dos alunos, que serão expostos a variados sotaques e variações linguísticas.

Relacionar o conteúdo ao cotidiano dos alunos

Cada língua contém expressões, ditados populares e gírias que só fazem sentido para os falantes de determinada região, por exemplo, podendo caiar de país para país, como é o caso das diferenças entre o inglês britânico, o americano, o canadense, o australiano, o sul-africano etc. Sendo assim, o professor deve tomar cuidado de contextualizar vocabulário e hábitos particulares a esses e outros países e, sempre que possível, mostrar as relações com o que está sendo ensinado. Isso aproxima o conteúdo do cotidiano do aluno, que se sentirá mais próximo e estimulado; isso torna o ensino mais dinâmico e fluido.

Atender alunos com habilidades e níveis diferentes

Todo professor sabe que nunca há dois alunos iguais em uma turma. Há aqueles cuja habilidade oral é mais desenvolvida, já outros têm melhor desempenho na escrita. E, muitas vezes, o nível de conhecimentos linguísticos também varia muito entre os alunos de uma mesma turma, pois há aqueles que já tinham contato com a LE, outros cujos pais são falantes dessa língua, por vezes nativos. É necessário que tanto os alunos com maiores dificuldades quanto os mais avançados se sintam estimulados, mantendo seu interesse nas aulas.

Aqueles com mais facilidade devem ser constantemente desafiados para que tenham mais prazer em aprender na escola. Aos alunos com mais dificuldades devem ser apresentadas tarefas adequadas a seu conhecimento e perfil, como maneira de tranquilizá-los para que aprendam conforme seu nível.

Manter a atenção e o interesse dos alunos
Um dos maiores desafios de qualquer professor é manter a atenção e o interesse de seus alunos durante as aulas, e isso pode ser mais acentuado no ensino bilíngue, pois, além do conteúdo programático, ele está sendo ensinado numa outra língua que não a materna do aprendiz. Por isso, ao preparar a aula, o professor deve ter como preocupação constante a utilização de práticas motivadoras e atraentes que estimulem os alunos.

cincopontotrês
Abordagens CLIL e CBI

A educação bilíngue tem características inovadoras e não seria diferente com as metodologias de ensino utilizadas. Uma abordagem educacional em que há duas línguas como meio de instrução demanda metodologias diferenciadas. Como informamos, há muitos programas de educação bilíngue, as escolas são diferentes entre si e, consequentemente, as metodologias a serem empregadas devem estar em consonância com as características da escola e com seus propósitos curriculares.

Consoante Megale (2020), seja qual for o programa ou a metodologia adotados, deve existir um duplo foco de instrução: na língua e no conteúdo. Logo, além da preocupação com o conteúdo curricular, o professor tem de ensinar a LE. Para isso, as principais metodologias utilizadas no ensino bilíngue são o CLIL e o CBI.

5.3.1 Content and Language Integrated Learning

Entre as muitas definições para a abordagem CLIL, neste livro, adotaremos a de Coyle et al. (citados por Cenoz; Genesee; Gorter, 2014, p. 244, tradução nossa), qual seja: "abordagem educacional de foco duplo em que uma língua adicional é usada para a aprendizagem e o ensino de conteúdo e língua".

Marsh (citado por Cenoz; Genesee; Gorter, 2014) relata que a CLIL surgiu na Europa na década de 1990 com um grupo de especialistas de diferentes áreas, incluindo administradores educacionais e pesquisadores. No início, era muito utilizada no ensino de inglês como LE, por ter como base o ensino de língua contextualizado e significativo – não simplesmente o estudo da *língua pela língua*, e sim o estudo *com a língua* (Souza, 2020; Luz, citado por Souza, 2019).

No CLIL, o conteúdo transfere ao uso de LE um propósito comunicativo, ou seja, o aprendiz vê a língua sendo usada de forma prática e contextualizada (Dalton-Puffer, citado por Cenoz, 2015).

A esse respeito, Souza (2019, p. 46) declara que o CLIL "pode ser observado em contextos diversos de Educação Bilíngue, que variam em termos de exposição e intensidade de uso da L2 e que podem ocorrer em todos os níveis educacionais, da Educação Infantil ao Ensino Superior". É também uma abordagem abrangente e democrática, sem caráter elitista, pois funciona em todos os contextos de aprendizagem e com todos os alunos (Marsh, citado por Cenoz; Genesee; Gorter, 2014). Outrossim, Coyle et al. (citados por Cenoz; Genesee; Gorter, 2014, p. 249, tradução nossa) também consideram o CLIL apropriado "para uma ampla gama de alunos, não apenas aqueles com origens privilegiadas ou de elite".

De acordo com Souza (2019, p. 49), a abordagem CLIL se sustenta em três pilares – (1) conteúdo, (2) língua e (3) habilidades – os quais se subdividem em cinco conceitos básicos:

> 1) *Foco na interdisciplinaridade por meio de projetos ou temas comuns entre os componentes curriculares ou grandes áreas do conhecimento, com apoio ao desenvolvimento e promoção de oportunidades de reflexão sobre o aprendizado e sobre seu processo.*
>
> 2) *Possibilitar o aprendizado ativo, no qual os aprendizes são protagonistas e vivenciam oportunidades de agir de modo colaborativo e cooperativo com seus pares.*
>
> 3) *Autenticidade, inclui os interesses dos estudantes, seus conhecimentos prévios e relações percebidas entre as áreas do conhecimento, contribuindo também com a presença da voz deles no processo que vivenciam.*
>
> 4) *Ambiente de aprendizagem enriquecedor e favorável à experimentação e ao desenvolvimento da conscientização linguística.*
>
> 5) *Concepção de construção do conhecimento a partir dos aprendizes – suas habilidades, atitudes, interesses e experiências; ao mesmo tempo que se consideram os diferentes estilos de aprendizagem, propicia-se o desenvolvimento do pensamento crítico e da criatividade de maneira desafiadora.*

Ainda no âmbito da abordagem CLIL, há o modelo de Mehisto, Marsh e Frigols (2008), que se organiza em quatro princípios: (1) cognição, (2) comunidade, (3) conteúdo e (4) comunicação. Para Souza (2019, p. 50), a associação desses princípios viabiliza ações como

> *a integração entre língua e conteúdo; a articulação e o desenvolvimento de diferentes habilidades cognitivas; a incorporação do conteúdo a expectativas e/ou demandas da comunidade interna e/ou externa; a assimilação e o fortalecimento dos laços entre aprendizes e entre estes e comunidades; e a utilização da língua de maneira autêntica na comunicação, na colaboração e na negociação de sentido.*

Para Coyle (citado por Cenoz; Genesee; Gorter, 2014), é necessário estabelecer objetivos de aprendizagem consonantes com os conteúdos programáticos das disciplinas e que atendam aos chamados 4 Cs – conteúdo, cultura, cognição e comunicação –, atingindo, dessa forma, a proposta didática. Os professores que utilizam essa metodologia devem estar sempre cientes dos três pilares (conteúdo, língua e habilidades) e dos cinco conceitos básicos.

Muitos dos professores que utilizam a abordagem CLIL são especialistas em suas disciplinas, mas não têm qualificações formais em LE ou pedagogia de línguas (Cenoz; Genesee; Gorter, 2014). Para minimizar esse problema, a consciência metalinguística desses professores pode ser desenvolvida por meio da colaboração com colegas de LE ou como parte de cursos de formação docente. Para Souza (2019, p. 49), a abordagem CLIL prevê a integração entre professores de diferentes áreas do conhecimento,

> *uma vez que aqueles que atuam com língua devem dar apoio aos responsáveis por conteúdos de outros componentes curriculares para que não haja dificuldade de aprendizagem decorrente do desconhecimento de termos específicos ou da falta de domínio da L2 pelos aprendizes.*

Dessa forma, trabalhando em conjunto, docentes de diferentes áreas podem dar assistência uns aos outros, promovendo integração do currículo e uma abordagem de ensino holística e mais interessante para o aluno.

5.3.2 Content-Based Instruction

A CBI também visa ao aprendizado por meio da comunicação autêntica, valendo-se de conteúdos das diferentes áreas do currículo escolar. Ela originou-se dos programas canadenses de imersão dos anos 1960, nos quais se usava um programa educacional com uma LE como meio de instrução (Genesee, citado por Cenoz; Genesee; Gorter, 2014).

Brinton, Snow e Wesche (citados por Souza, 2019, p. 52) definem CBI como "o estudo simultâneo da língua e conteúdo, com a forma e sequência de apresentação da língua ditada pelo conteúdo do material". Para Stoller (citado por Cenoz, 2015), trata-se de um termo guarda-chuva para abordagens que combinam língua e objetivos de aprendizagem de conteúdo.

Segundo Genesee e Lindholm-Leary (citados por Cenoz, 2015), há formas distintas de CBI que podem variar de acordo com o nível educacional, a organização do currículo da instituição de ensino e a ênfase dada à língua ou ao conteúdo, podendo ocorrer em todos os níveis de ensino, da pré-escola ao superior.

Conforme Souza (2019), na utilização da abordagem CBI, o planejamento do ensino é feito com base no conteúdo a ser aprendido, e não na língua. Afinal, "as pessoas têm mais sucesso no aprendizado de uma segunda língua quando elas utilizam esta língua como meio de aquisição de informação" (Richards; Rodgers, citados por Souza, 2019, p. 53). Nesse contexto, os princípios norteadores da abordagem CBI são: o sucesso no aprendizado da LE está ligado à sua utilização como ferramenta para instrução; e a relação entre conteúdos, necessidades dos aprendizes e aquisição da LE.

Alguns pesquisadores consideram CLIL e CBI como "dois rótulos para a mesma realidade" (Cenoz, 2015, p. 12, tradução nossa). Embora ambas tenham em comum a aprendizagem de línguas frequentemente incidental ao aprendizado de habilidades e conhecimentos acadêmicos necessários (Genesee; Lindholm-Leary, citados por Cenoz; Genesee; Gorter, 2014), uma das principais diferenças é que, ao contrário da CLIL, a CBI não costuma ser adotada em todas as disciplinas, e isso se deve ao fato de que algumas áreas utilizam mais recursos adicionais à língua do que outras (Souza, 2019). Outra diferença está em suas implementações distintas, que podem ser influenciadas por objetivos educacionais das escolas, metodologia de ensino e materiais didáticos adotados (Cenoz, 2015).

cincopontoquatro
Metodologias ativas no contexto bilíngue

Ao longo dos anos, conforme comentamos em capítulos anteriores, muitas metodologias e abordagens surgiram, sempre com promessas de supremacia e eficácia, independentemente da disciplina em questão.

Vivemos hoje em uma sociedade do conhecimento, imediatista e digital, marcada pela velocidade e pela efemeridade das informações. Nessa sociedade, o interesse do professor deve ser a compreensão dos processos de aprendizagem, cujo centro é o aprendiz, que participa de seu aprendizado de maneira ativa. Desse modo, a forma de aprender também deve ser ativa; afinal, "A vida é um processo de aprendizagem ativa, de enfrentamento de desafios cada vez mais complexos" (Moran, 2018, p. 37).

Segundo o professor e pesquisador José Moran (2018), toda aprendizagem é ativa em algum grau, pois requer tanto do aprendiz quanto do docente formas diferentes de motivação, seleção, interpretação, comparação, avaliação e aplicação. Para ele, "cada pessoa (criança ou adulto) aprende de forma ativa, a partir do contexto em que se encontra, do que lhe é significativo, relevante e próximo ao nível de competências que possui" (Moran, 2018, p. 38). Portanto, nessa nova era, o professor não é mais o centro das atenções nem apenas um transmissor, "seu papel é ajudar os alunos a irem além de onde conseguiriam ir sozinhos, motivando, questionando, orientando" (Moran, 2018, p. 40).

Essa pedagogia significativa, ativa e pessoal, centrada no aluno não é um conceito novo, tendo sido proposta por Dewey e Montessori, que defendiam o aprendizado que contempla interação e interlocuções (Souza, 2020). Nessa perspectiva, a educação visa promover "o desenvolvimento de práticas pedagógicas participativas, transformadoras, que estimulem o diálogo, o pensamento crítico, a criatividade, a resolução de problemas e a competência para a ação" (Souza, 2020, p. 67).

> **Preste atenção!**
>
> As metodologias ativas estão cada vez mais presentes no modelo educacional atual. Isso porque representam o "ser" educador no século XXI e podem contribuir para a construção da autonomia do aprendiz, pois dão a ele o protagonismo de "seu envolvimento direto, participativo e reflexivo em todas as etapas do processo" (Moran, 2018, p. 41).

Uma das questões centrais das metodologias ativas (ou *active learning*) é a necessidade de desenvolvimento de dois tipos de saberes: (1) o "saber que" (*knowing that*) e (2) o "saber como" (*knowing how*). Ambos se relacionam à ideia de que a exploração sobre um assunto leva a seu conhecimento (Moran, 2018).

A implementação e o uso das metodologias ativas não estão apenas no ensino regular tradicional, mas também no ensino bilíngue, podendo contribuir muito para as ações de aprendizagem. Para alcançar esses objetivos, Souza (2020, p. 68) sugere refletir sobre 12 itens ao planejar a utilização de metodologias ativas em sala de aula de educação bilíngue:

1. Quais são os objetivos da atividade?
2. Qual é o contexto de Educação Bilíngue de aplicação da atividade?
3. Como língua adicional e conteúdo são compreendidos nesse contexto?
4. Há materiais específicos?
5. Há um local específico de aplicação da atividade?
6. Quais são as formas de interação?
7. Como professor e estudantes se preparam para a atividade?
8. Em que momento da aula a atividade é aplicada?
9. O que os alunos fazem na atividade?
10. Quanto tempo eles têm para desenvolvê-la?
11. Como ocorre a devolutiva por parte dos pares e do professor?
12. O que se pretende desenvolver nos alunos com a aplicação dessa atividade?

Ainda segundo Souza (2020), esses 12 itens justificam as escolhas do professor na aplicação de uma atividade de metodologia ativa em sala de aula. Para a autora, as atividades de metodologias ativas diferenciam-se por que têm como objetivo

> *tornar nossos estudantes agentes das atividades e de suas aprendizagens, sempre tendo em mente seus perfis, incluindo facilidades, dificuldades e interesses e como podemos desafiá-los a aplicar seus conhecimentos e aprender de maneira significativa, colaborativa, reflexiva e respeitosa.* (Souza, 2020, p. 69)

A pesquisadora sugere como opção de atividade fundamentada na metodologia ativa o modelo de incorporação de conceito (*concept attainment model*). Essa atividade tem como finalidade o desenvolvimento das habilidades indutivas, a identificação de padrões e a formulação de hipóteses. Para realizá-la, é necessário identificar o conceito a ser estudado e levantar exemplos positivos e negativos. Esse modelo divide-se em três fases, quais sejam:

> 1) *Separados em grupos, os alunos são apresentados aos exemplos positivos e negativos levantados e à explicação de que os exemplos estão associados ao conceito a ser trabalhado por eles. Depois disso, eles devem elaborar hipóteses sobre atributos e padrões examinados nos exemplos, buscar dados que as refutem ou comprovem, adaptar os registros a essas descobertas.*
>
> 2) *Nesta segunda etapa, os alunos compartilham suas hipóteses com os demais alunos, apresentam suas descobertas e comparam resultados. Validam as informações, comparando-as com as teorias apresentadas pelos outros alunos. Ao final, debatem as maneiras práticas em que o conceito pode ser aplicado na resolução de problemas, dentro e fora da escola.*
>
> 3) *Nesta última fase, os alunos analisam o procedimento e as estratégias utilizadas. Repensam suas escolhas, o motivo pelo qual algumas funcionaram, assim como os demais fatores que os fizeram chegar às conclusões alcançadas e na resolução do problema.* (Souza, 2020, p. 70)

Uma atividade baseada no modelo de incorporação de conceito põe os alunos no centro de seu desenvolvimento e dá ao professor a oportunidade de observar como seus discentes lidam com questões importantes para sua realização, como: as estratégias de comunicação, o levantamento de hipóteses, o questionamento, a negociação, a investigação e o compartilhamento de informações, etapas necessárias para a realização da atividade e para se chegar a uma conclusão. Em atividades assim, é muito comum e benéfico que os alunos se utilizem de estratégias de comunicação como o *code switching* e a translinguagem.

Outro exemplo de atividade citada por Souza (2020) é a 3-2-1. Nesse modelo, as atividades são mais individuais e reflexivas, e o aluno deve interpretar e resumir informações, determinar sua importância e realizar uma análise crítica. É uma atividade flexível que pode ser utilizada para diagnóstico, autorregulação, sistematização e verificação de compreensão, reflexão e consolidação do conteúdo trabalhado (Souza, 2020).

> *Os pontos levantados pelos estudantes também podem servir de elementos de exploração e investigação pela turma toda e de engajamento e desafio em turmas heterogêneas tanto em termos de conteúdo conceitual como em termos de conhecimento ou produção de uma segunda língua.* (Souza, 2020, p. 70)

> ### Exemplificando
>
> Ao descrever a atividade sobre biografia, Souza (2020) sugere que os alunos escolham uma pessoa (conhecida ou não) e reflitam sobre 3 dos eventos mais importantes da vida dela; pensem em 2 perguntas que fariam a essa pessoa e quais seriam as respostas; e 1 razão pela qual a pessoa escolhida é importante para a sociedade a ponto de ter sua biografia publicada.

Além de atividades para o momento do aprendizado, as metodologias ativas podem ser usadas para avaliação, na forma de *feedbacks* e *checklists*. Consoante Hattie (citado por Souza, 2020, p. 72), as metodologias ativas como forma de avaliação são uma maneira de "reduzir a lacuna entre o ponto em que o aluno 'se encontra' e onde ele 'deve estar' – isto é, entre o conhecimento prévio ou atual e os critérios de sucesso". O uso desses *feedbacks* e *checklists* podem auxiliar o professor a perceber a necessidade de mudar e/ou ajustar conteúdos relacionados às aulas.

Hattie (citado por Souza, 2020) sugere quatro níveis de *feedback* e questões para reflexão, conforme expresso no Quadro 5.2.

QUADRO 5.2 – NÍVEIS E QUESTÕES DE *FEEDBACK*

Níveis	Questões importantes	Questões de feedback
Tarefa	Com que qualidade foi executada a tarefa? Ela está correta ou incorreta?	Para onde estou indo? Quais são meus objetivos?

(continua)

(Quadro 5.2 – conclusão)

Níveis	Questões importantes	Questões de feedback
Processo	Quais são as estratégias necessárias para executar a tarefa? Existem estratégias alternativas que podem ser utilizadas?	Como estou indo? Que progresso está sendo feito na direção do objetivo?
Autorregulação	Quais são os conhecimentos e compreensões condicionais necessários para que você saiba o que está fazendo? Automonitoramento, direcionando os processos e tarefas.	Para onde ir em seguida? Que atividades precisam ser empreendidas para progredir melhor?
Pessoal	Avaliação pessoal e efeito sobre a aprendizagem.	–

FONTE: Souza, 2020, p. 73.

Como expusemos, a utilização das metodologias ativas pode ser uma boa opção em qualquer momento da aula, tanto para apresentação, fixação e reforço de conteúdos quanto para avaliação e *feedback*. É de competência do docente a escolha da melhor estratégia para o desenvolvimento da aprendizagem ativa por parte de seus alunos e a competência a ser trabalhada. A aprendizagem ativa pode e deve estar presente em todas as aulas de todas as disciplinas.

cincopontocinco
Currículo na educação bilíngue

Um dos principais componentes que diferenciam a escola bilíngue da monolíngue é a composição de seu currículo. O currículo de uma escola bilíngue deve incluir a abordagem de conteúdos em outra língua de instrução que não apenas a nativa dos alunos. A elaboração de um currículo escolar requer cuidado, pois é "a instância privilegiada em que se organiza o ensino. É por meio dele que os conhecimentos são eleitos, organizados, ministrados, avaliados e definidos como suficientes para a progressão dos alunos" (Moura, 2010, p. 269).

Na elaboração de um currículo, duas situações são potencialmente danosas ao trabalho a ser realizado: (1) quando o currículo é apresentado aos docentes como algo engessado, sobre o qual não lhes é possível opinar, e que deve ser seguido rigorosamente; ou (2) quando o currículo fica sob total responsabilidade dos docentes, que devem orientar seu trabalho em sala de aula e na escola pautados em seus próprios valores e experiências. Nesse último caso, inexiste um trabalho conjunto entre escola e professores, o que tende a ser prejudicial, uma vez que "professores, às vezes inexperientes, acabam reproduzindo padrões impostos por livros didáticos ou por práticas anteriores, ou ficam perdidos, sem interlocutores ou referências para pensar suas ações" (Liberali, 2019, p. 32).

A solução, segundo Moura (2010, p. 293), são as discussões sobre planejamento, avaliação e formação, as quais "são essenciais para compor um trabalho integrado e coerente na escola, e a construção de uma equipe que conhece e discute a educação bilíngue e suas especificidades". Tradicionalmente, o currículo se ocupa de *como* os conteúdos serão ensinados sem questionar o *porquê*. Contudo, Moura (2010) defende que o currículo tem de questionar *como* o conteúdo é ensinado, *quem* faz a seleção do que deve ser ensinado e *por quê*.

> ## Importante!
> Independentemente de quem seja responsável pelo currículo, professor ou instituição, deve-se levar em consideração sempre o que o aluno leva para a sala de aula como conhecimentos anteriores. Afinal, "o reservatório de conhecimento, compreensão e experiência de um aluno pode fornecer um contexto significativo no qual o professor pode construir" (Robson, citado por Baker, 2001, p. 1.975, tradução nossa).

Liberali (2019) corrobora essa ideia, afirmando que conteúdos descontextualizados e distantes da vida real dos alunos precisam ser reavaliados, pois a escola não pode se isolar, devendo tornar os conteúdos curriculares relevantes para a vida do aluno dentro e fora da sala de aula. Para a pesquisadora, um currículo de educação bilíngue eficiente deve promover a mobilidade dos aprendizes, utilizando-se, para isso, de atividades didáticas que promovem a imersão e estimulam práticas relevantes como forma de aproximar o aprendiz da realidade, de modo que ele utilize suas potencialidades e conhecimentos escolares em situações práticas.

Para Engeström (citado por Liberali, 2019), o currículo escolar deve abranger três dimensões, quais sejam: (1) **da descoberta**, a qual valoriza as oportunidades de experimentar, generalizar e exemplificar, utilizando os conhecimentos adquiridos, e não apenas a recepção de informações de forma passiva; (2) **da aplicação prática**, que mostra a possibilidade de uso do conhecimento adquirido e do envolvimento da comunidade; e (3) **da crítica**, pela qual os alunos são estimulados a analisar os conteúdos e os procedimentos de forma crítica e sistemática, tendo como base o contexto em que estão inseridos.

Os currículos adotados pelas escolas bilíngues podem ser classificados em três tipos: (1) bilíngue complementar, (2) bilíngue opcional e (3) bilíngue integrado (Moura, 2010; Megale, 2020; 2019).

O **currículo bilíngue complementar** é organizado de forma semelhante ao das escolas monolíngues, mas acrescenta carga horária em LE para disciplinas menos relacionadas aos exames nacionais, como Artes e Educação Física. Esse tipo de currículo é frequentemente fragmentado e não trabalha a interdisciplinaridade.

No **currículo bilíngue opcional**, há a possibilidade de escolha entre currículo bilíngue e regular. Nesses casos, os alunos que optam pelo currículo bilíngue permanecem mais tempo na escola, geralmente no contraturno. Nesse tipo de programa, o conhecimento também é fragmentado, assim como a escola, que conta com dois currículos distintos. As línguas utilizadas na escola apresentam forte separação e usos distintos.

O **currículo bilíngue integrado**, por sua vez, visa à integração dos conhecimentos de diversas áreas para oferecer uma formação mais completa, utilizando-se de projetos interdisciplinares. Para isso, têm currículo único, com componentes curriculares ministrados em inglês ou em português.

No planejamento do currículo bilíngue eficiente, é muito importante que ambas as línguas sejam valorizadas. Outro ponto relevante é a definição dos objetivos de acordo com o programa que será seguido e como eles serão alcançados (Megale, 2005), considerando-se também os atores envolvidos no cotidiano da escola, como alunos, professores, funcionários e comunidade (Moura, 2010).

Em acréscimo, Liberali (2019, p. 40) argumenta que

o currículo em Educação Bilíngue deveria oferecer aos aprendizes condições para o desenvolvimento da mobilidade por meio de práticas de linguagem nas quais a reflexão dos conteúdos das várias áreas do conhecimento tivesse como foco a percepção da gama de possibilidades de compreender determinado conteúdo, tanto por meio de fontes de natureza distinta como de diversos recursos semióticos e múltiplas línguas. Isso permitiria amplo acesso ao mundo de maneira mais crítica e engajada.

As DCNs para a oferta de educação plurilíngue, além de descreverem os requisitos necessários para a escola bilíngue e a formação de seus professores, apontam a padronização dos currículos da educação bilíngue. No capítulo IV do documento, entre os arts. 12 e 17, estão definidas as diretrizes relacionadas ao currículo, e uma das determinações é que as disciplinas da Base Comum devem ser "exclusivamente ministradas na segunda língua de instrução, sendo responsabilidade da escola cumprir o disposto na BNCC para o componente curricular de língua portuguesa em todas as etapas da Educação Básica" (Brasil, 2020, p. 26). Já as disciplinas da Base Diversificada do Currículo, que são ministradas em LE, podem ser ministradas por meio de projetos transdisciplinares que "busquem o desenvolvimento das competências e habilidades linguísticas da língua adicional e competências acadêmicas" (Brasil, 2020, p. 26).

Há clara preocupação nas diretrizes de que os currículos adotados por escolas internacionais não prejudiquem o desenvolvimento e a avaliação do aluno no que concerne ao currículo brasileiro. Ademais, o documento define que essas escolas devem seguir a legislação e as normas brasileiras, a fim de desenvolver competências e habilidades previstas na BNCC. Além disso, as diretrizes afirmam que as metodologias a serem utilizadas são de escolha de cada escola, mas devem ser "compatíveis com os pressupostos teóricos que fundamentam essa modalidade de educação" (Brasil, 2020, p. 27).

Com uma legislação própria que norteie os princípios e defina a educação bilíngue, tem-se elementos para a supervisão da qualidade dessa modalidade de ensino, das características da escola, da formação desejada dos professores e do currículo, que até então variava muito de escola para escola.

Síntese

Neste capítulo, abordamos temas pertinentes às aulas em contextos bilíngues, como os critérios para a formação do docente da educação bilíngue, de acordo com as novas DCNs para a oferta de educação plurilíngue, que, além de graduação em Pedagogia ou Letras, preveem formação complementar em educação bilíngue e comprovação de nível de proficiência na língua-alvo de, no mínimo, B2. Em seguida, especificamos alguns dos desafios enfrentados por esses profissionais.

Tratamos também das duas abordagens mais utilizadas na educação bilíngue: CLIL e CBI, que têm duplo foco de instrução: na língua e no conteúdo. Ainda, explicamos como as metodologias ativas podem ser utilizadas na educação bilíngue de forma pedagogicamente significativa, ativa e pessoal, centrando-se no aluno. Por fim, ressaltamos a importância do currículo na educação bilíngue e assinalamos como ele deve ser concebido conjuntamente entre escola e professores.

Atividades de autoavaliação

1. Considerando as novas DCNs para a oferta de educação plurilíngue, analise as afirmativas sobre a formação dos professores da educação bilíngue:
  I. Devem comprovar proficiência linguística de, no mínimo, B2, de acordo com o CEFR.
  II. O profissional que atua na educação infantil deve comprovar proficiência B1.

III. Além da graduação em Pedagogia ou em Letras, o docente deve ter formação complementar em educação bilíngue.
IV. A formação complementar em educação bilíngue pode se dar por meio de cursos de extensão com, no mínimo, 120 horas; pós-graduação *lato sensu*; mestrado ou doutorado reconhecidos pelo MEC.

São verdadeiras apenas as sentenças:
a. I, III e IV.
b. I e II.
c. III e IV.
d. I, II e IV.
e. III e IV.

2. Assinale as afirmativas a seguir e marque V para as verdadeiras e F para as falsas:
( ) CLIL é a sigla para Content and Language Integrated Learning.
( ) Na abordagem CLIL, uma língua adicional é usada para a aprendizagem e o ensino de conteúdo e língua.
( ) CBI é uma abordagem utilizada somente para ensino de LEs.
( ) CLIL e CBI também são utilizadas em LM.
( ) A principal característica das metodologias ativas é entender o aluno como principal responsável por sua aprendizagem.

Agora, assinale a alternativa que apresenta a sequência correta de preenchimento dos parênteses, de cima para baixo:
a. V, V, F, F, F.
b. F, V, F, F, V.

c. V, V, F, F, V.
d. F, F, F, V, V.
e. V, V, V, F, V.

3. Indique entre as afirmações a seguir aquela que não se relaciona às características das metodologias ativas:
   a. Toda aprendizagem é ativa, pois, em algum momento, é preciso haver motivação, interpretação, avaliação etc.
   b. As metodologias ativas centram-se no professor, responsável por todo o processo de aprendizagem do aluno.
   c. Uma das funções das atividades pautadas nas metodologias ativas é a estimulação do diálogo, o pensamento crítico, a criatividade e a resolução de problemas.
   d. O foco do professor deve estar na compreensão dos processos de aprendizagem.
   e. As metodologias ativas estimulam o desenvolvimento de dois tipos de saberes: (1) saber que (*knowing that*) e (2) saber como (*knowing how*).

4. Leia as afirmações que seguem e indique a qual forma de currículo bilíngue ela se refere – currículo bilíngue complementar (C), currículo bilíngue opcional (O) e currículo bilíngue integrado (I):

( ) Uma parte dos alunos frequenta a escola regular, recebendo instrução apenas em português nas diversas áreas do conhecimento. Outra parte dos alunos, cujos pais optaram pelo currículo bilíngue, permanece na escola por um período maior.

(   ) Escolas bilíngues organizam o currículo de forma semelhante às demais escolas, acrescentando, porém, uma carga horária na qual são desenvolvidos os conhecimentos na L2. Há uma forte separação de horários, professores, materiais e eventualmente, espaços onde se fala L1 e L2.

(   ) Visa articular conhecimentos de diversas áreas para oferecer uma formação mais completa, utilizando, para tal, projetos interdisciplinares. Nesse contexto, apresentam currículo único, com componentes curriculares ministrados em inglês ou em português.

Agora, assinale a alternativa que apresenta a sequência correta de preenchimento dos parênteses, de cima para baixo:

a. I, O, C.
b. O, C, I.
c. O, I, C.
d. C, O, I.
e. I, C, O.

5. Sobre a formação de professores, assinale a alternativa que não apresenta corretamente as características desejadas para o profissional de educação bilíngue:

a. Deve ter ótimos conhecimentos sobre sua língua de trabalho.
b. Deve conhecer teorias de aquisição de L1 e L2.
c. Deve estar em constante aperfeiçoamento profissional.
d. Deve conhecer sobre educação bilíngue e diferentes teorias e modelos.
e. Deve criar métodos específicos para cada turma independentemente das determinações legais do país e das normativas internas da escola.

Atividades de aprendizagem

Questões para reflexão

1. Com relação a sua formação profissional, você considera que teve informação suficiente para atuar na educação bilíngue? No caso de resposta negativa, o que faltou em sua formação?

2. Em sua opinião, qual é a importância do currículo na educação bilíngue? Caso já tenha atuado como professor em escola bilíngue, como era o currículo? Quais eram seus pontos positivos e negativos?

Atividade aplicada: prática

1. Elabore um plano de aula utilizando metodologias ativas. Defina tema, metas, atividades a serem utilizadas e *feedback* esperado.

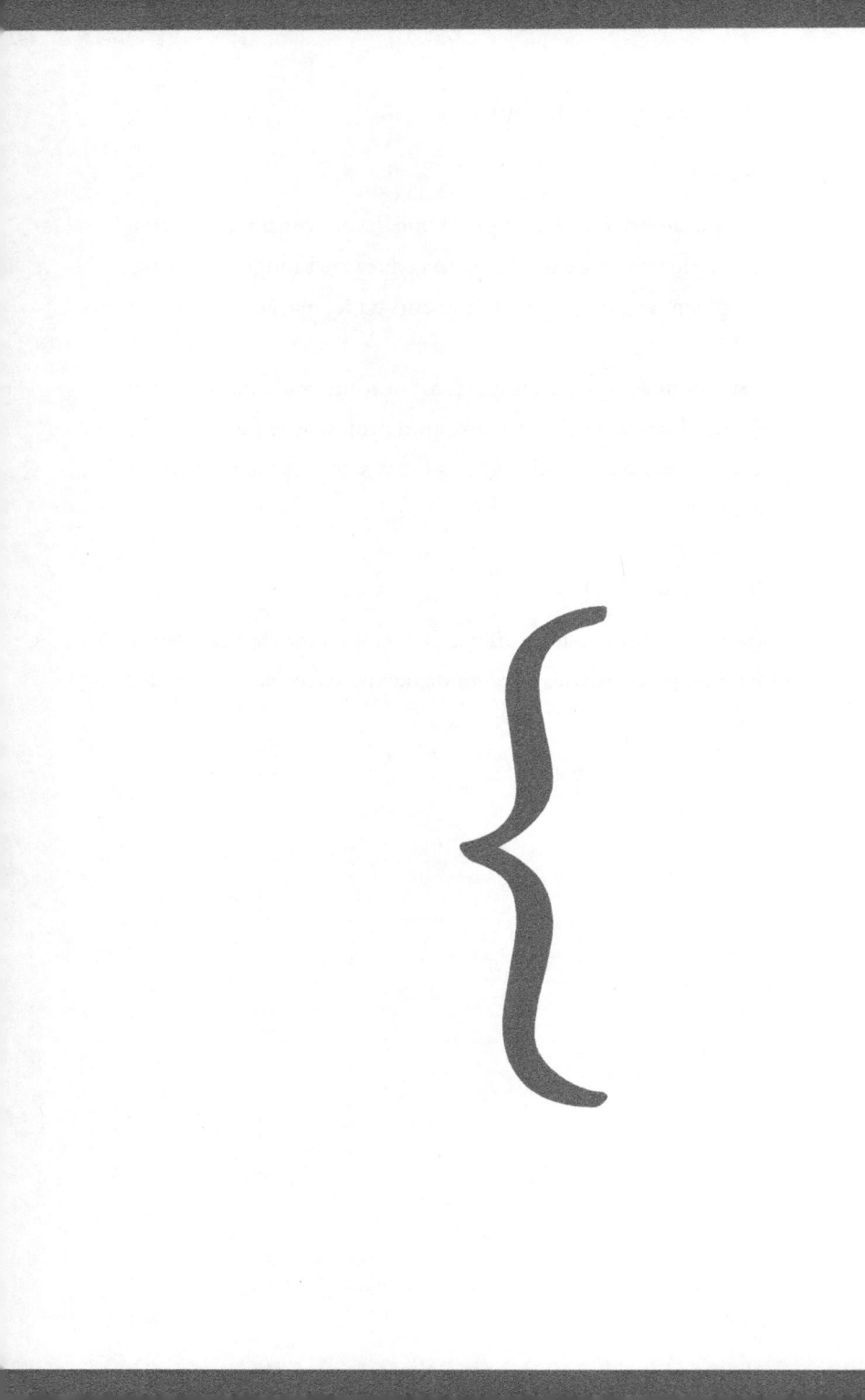

{

um   Bilinguismo: definições e dimensões
dois   O cérebro bilíngue
três   Bilinguismo e aquisição-aprendizagem de língua estrangeira
quatro   Educação bilíngue
cinco   O professor e a escola bilíngue
seis   Futuro da educação bilíngue

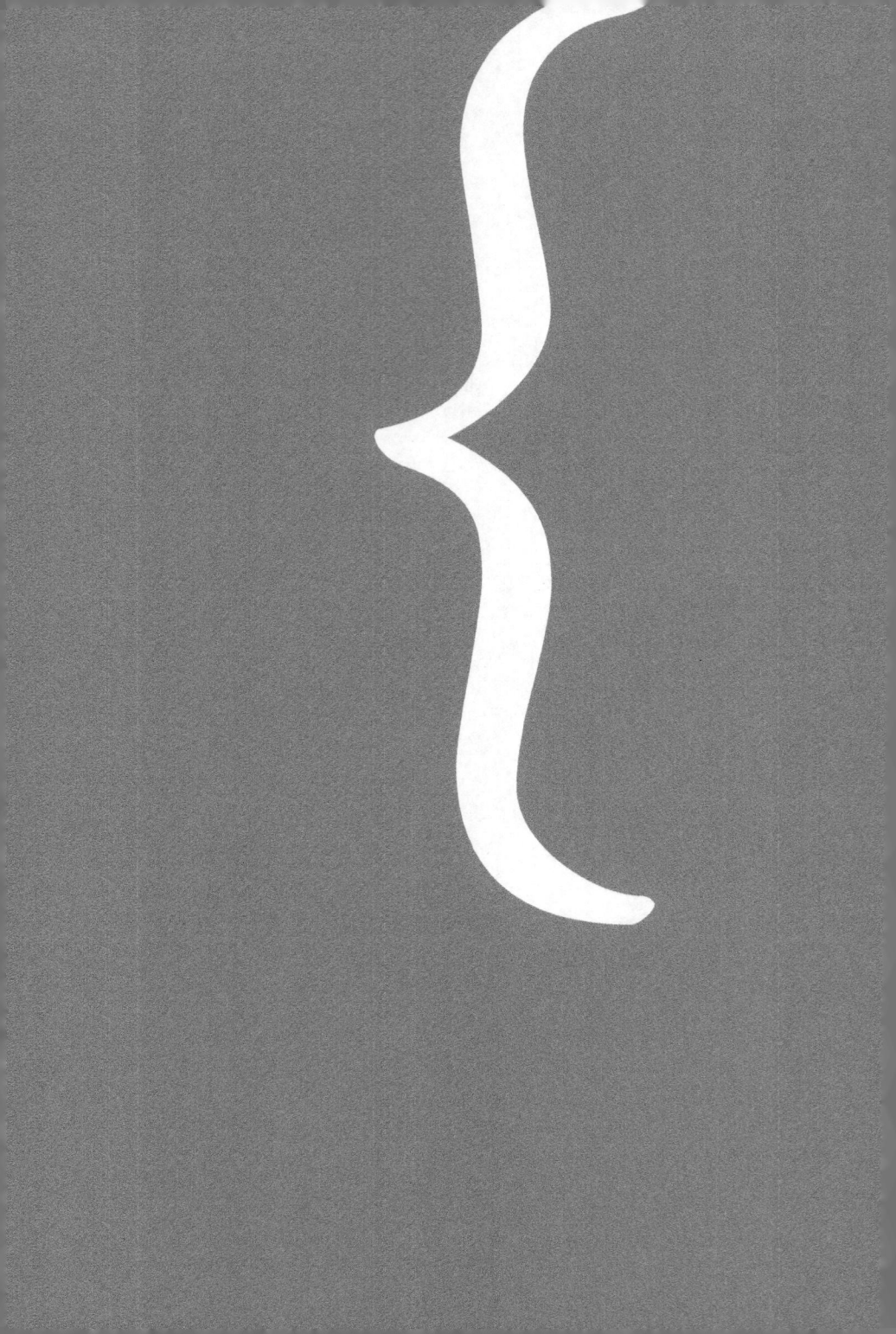

❰ NESTE ÚLTIMO CAPÍTULO, versaremos sobre algumas pesquisas e discussões sobre o futuro da educação bilíngue, como as aulas *on-line*. Trataremos também da educação bilíngue para adultos, uma modalidade de ensino que está se popularizando no mundo e no Brasil por meio da internacionalização das instituições de ensino e do English Medium of Instruction (EMI).

seispontoum
Educação bilíngue: o que aprendemos e próximos passos

García (2009, p. 5, tradução nossa) defende que "a educação bilíngue é a única forma de educar as crianças no século XXI". Em capítulos anteriores, citamos alguns dos vários benefícios do bilinguismo – entre eles os cognitivos, como maior flexibilidade mental, melhor capacidade de observação, realização de multitarefas e solução de problemas, além dos sociais e culturais, como atitudes mais positivas e respeito por outras culturas, maiores oportunidades de relações sociais e melhor empregabilidade – que podem corroborar essa afirmação.

Não há dúvidas de que a educação bilíngue de qualidade pode proporcionar muitas vantagens, principalmente quando segue princípios, conceitos e orientações pedagógicas bem-definidas, proporcionando maior qualidade da escola, do currículo e do corpo docente. Esse tipo de educação está em franco crescimento, com diversas escolas bilíngues no país e a tendência de surgimento de muitas mais. Por isso, convém avaliar qual será o futuro do ensino bilíngue.

Para vislumbrar os próximos passos a seguir, tomaremos como base os estudos do pesquisador francês Fabrice Jaumont (2018). Para ele, a educação bilíngue tem um potencial enorme, pois todos nós, principalmente os mais jovens, estamos em um mundo que está "encolhendo", no qual os diferentes idiomas servem como caminhos para entender os outros, bem como a nós mesmos. Assim, na opinião do autor, todos merecem a oportunidade de conectar-se com outras pessoas, culturas e histórias.

Nesse contexto, Jaumont (2018, tradução nossa) acredita que a função do bilinguismo é "promover respeito, tolerância e compreensão mútua. Estas são as pedras angulares de um mundo pacífico". Ao criar gerações para serem cidadãos multilíngues, estaríamos reforçando a crença de que, quando a educação bilíngue de qualidade está disponível para todos, as chances de sucesso aumentam e as escolas e as comunidades prosperam (Jaumont, 2018).

Há aproximadamente dez anos, matricular o filho em uma escola bilíngue era algo possível somente àqueles que tinham condições de arcar com os altos custos das mensalidades. Hoje em dia, esse acesso se estende a uma maior parcela da população, graças à popularização do ensino e das escolas bilíngues. No entanto, com a futura homologação das novas Diretrizes Curriculares Nacionais (DCNs) para educação plurilíngue, muitas dessas escolas terão que se adaptar para não perderem o título de escola bilíngue.

Obviamente, o ideal seria que todas as crianças tivessem acesso à educação bilíngue, mas isso não ocorre nem nos países mais desenvolvidos. No Brasil, há algumas iniciativas, geralmente dos governos municipais, de ofertar ensino bilíngue em escolas públicas. Alguns dos casos que obtiveram sucesso são os das cidades de Manaus, no Amazonas, com escolas bilíngues cujas línguas de instrução são o francês e o japonês (Rede..., 2017); Rio de Janeiro, que tem escolas com ensino em francês, alemão, espanhol e inglês (Altoé, 2018); e Pomerode, em Santa Catarina, uma cidade de colonização alemã que oferece aos alunos aulas em português e alemão como forma de preservar as tradições e a língua alemã como herança (Schenini, 2015).

> **Preste atenção!**
>
> Educadores estão sempre com o olhar no futuro. Eis a base da profissão: preparar os alunos para o futuro. Logo, os docentes têm de se preparar para os desafios que o ensino bilíngue enfrentará nas próximas décadas. É preciso estar ciente de que os próximos passos serão construídos com base em pesquisas e evidências que produzirão maiores oportunidades de melhoria contínua.

No Brasil, no que diz respeito à educação bilíngue, o primeiro passo para o futuro foi a aprovação das DCNs para a educação plurilíngue – Parecer CNB*/CEB** n. 2, de 2020, aprovado em 9 de julho de 2020 (Brasil, 2020). Essas diretrizes são fruto de pesquisas, discussões e reinvindicações do setor e apresentam importantes regulamentações para orientar não apenas a comunidade escolar, mas também pais e/ou responsáveis sobre as definições e concepções da escola bilíngue.

A grande vitória da implementação das diretrizes é o esclarecimento do que torna uma escola efetivamente bilíngue, qual

---

* Conselho Nacional de Educação.
** Câmara de Educação Básica.

a formação desejada para os docentes, a carga horária mínima para instrução na língua adicional, o currículo e os prazos para adaptação dos projetos políticos-pedagógicos (PPPs)*.

seispontodois
Ensino bilíngue e aulas *on-line*

Em 2020, todos da área de educação se viram ante um desafio sem precedentes devido à pandemia mundial do vírus SARS-CoV-2, causador da covid-19: as aulas foram suspensas, pois o convívio e a proximidade entre alunos, professores e demais funcionários em sala de aula e outras dependências da escola poderiam colaborar para o aumento do número de casos da doença.

Após meses de suspensão em todos os níveis da educação, do ensino infantil à pós-graduação, chegou-se à conclusão de que a única solução viável para retomada das aulas sem causar danos à saúde de alunos, professores e demais trabalhadores ou mais atrasos nos currículos escolares era migrar para o ensino *on-line*, remoto.

Os cursos de ensino superior remotos ou semipresenciais já existiam há algum tempo, porém, ensino infantil, fundamental e médio na modalidade *on-line* eram inexistentes até então.

Moran (2006, p. 41) define *educação on-line* como o "conjunto de ações de ensino-aprendizagem desenvolvidas por meio de meios telemáticos como a Internet, a videoconferência e a

---

* No momento de produção deste livro, as diretrizes ainda aguardam a homologação pelo Ministério da Educação (MEC).

teleconferência". Já em 2006, o autor, que é um grande defensor das metodologias ativas e da autonomia do aluno, previa que, no futuro, aulas *on-line* ocupariam um espaço central na educação. No entanto, esse tipo de ensino ainda é visto com reservas, em razão da relevância da sala de aula em nossa cultura, uma vez que o aprender sempre esteve relacionado ao espaço físico da escola. As dificuldades do ensino *on-line* não atingem apenas os alunos, mas também os professores, que precisam aprender a se relacionar com o modelo de ensinar-aprender nesse outro espaço (Moran, 2006).

Ser professor na era das aulas *on-line* não é tarefa fácil. Isso foi mais complexo ainda porque a migração do presencial para o virtual não foi programada, planejada ou discutida entre escola, professores e responsáveis; afinal, foi medida emergencial, carecendo de treinamento para uso de ferramentas tecnológicas, por exemplo.

Nesse novo cenário de possibilidades, o professor acumula funções, seus papéis "se multiplicam, diferenciam-se e complementam-se, exigindo uma grande capacidade de adaptação e criatividade diante de novas situações, propostas, atividades" (Moran, 2006, p. 43).

> *O professor online está começando a aprender a trabalhar em situações muito diferentes: com poucos e muitos alunos, com mais ou menos encontros presenciais, com um processo personalizado (professor autor-gestor) ou mais despersonalizado (separação entre o autor e o gestor da aprendizagem). Quanto mais*

situações diferentes experimentar, melhor estará preparado para vivenciar diferentes papéis, metodologias, projetos pedagógicos, muitos ainda em fase de experimentação. (Moran, 2006, p. 43)

E foi assim, nessa transição nada suave entre o presencial e o virtual, que se formularam as aulas *on-line* para os ensinos infantil, fundamental e médio. Entre o desespero e o despreparo (Liberali, 2020), com mais perguntas do que respostas, professores ficaram sem saber como agir ao ter de reinventar a forma de ensinar e aprender.

6.2.1 Ensino *on-line* na educação infantil bilíngue

Mesmo antes da necessidade das aulas em ambientes virtuais de aprendizagem, já era possível e desejado que outras tecnologias fossem utilizadas na apresentação ou no reforço de conteúdos, de modo prático e lúdico, por meio de ferramentas como lousas digitais, *apps*, *websites* e plataformas educacionais. Agora, outras ferramentas digitais podem e devem ser usadas com finalidades educacionais, como Moodle, Skype, Zoom, Google Meet, Google Docs e tantas outras.

É preciso repensar o currículo para a realização das aulas *on-line* para crianças, seja como recurso pedagógico extra, seja em aulas híbridas. De acordo com Silva (2020, p. 246), é preciso "repensar a prática, ajustar metodologias, preparar material didático, transformar o espaço virtual em um ambiente rico de aprendizagem, de modo a envolver os alunos e seus pais nestes novos processos participativos, afetivos, inspirando confiança".

Nesse sentido, é conveniente propor atividades que abordem os objetivos nos campos de experiência para cada faixa etária, observando as intervenções na aprendizagem da língua adicional, no caso do ensino bilíngue (Silva, 2020).

Para suprir as necessidades educacionais do alunos, podem ser desenvolvidas atividades síncronas, que acontecem de forma simultânea à participação dos alunos, e assíncronas, que são mais flexíveis e não ocorrem necessariamente em grupo, mas com *feedback* do professor. Segundo Clemesha e Machado (2020, p. 336), "além das atividades virtuais, é necessário engajar os alunos em situações criativas e resolução de problemas off-line, por meio de atividades físicas, artes, música, jogos e brincadeiras, artes visuais e design".

Importante!

Com relação à educação infantil, vale salientarmos as recomendações da Organização Mundial de Saúde (OMS), que preconiza que "crianças de até cinco anos de idade não devem passar mais de 60 minutos por dia em atividades passivas diante de uma tela de *smartphone*, computador ou TV" (Clemesha; Machado, 2020, p. 335).

No Quadro 6.1, destacamos algumas sugestões de desenvolvimento de atividades em ambientes virtuais.

Quadro 6.1 – Ferramentas digitais para apoio ao ensino remoto

Prática didática	Objetivo	Ferramenta
Instrução direta	Expor, explicar	Google Meet, Screencastify
Modelagem e exemplificação	Demonstrar a aplicação de estratégias ou habilidades	Google Draw, Scratch, Google Slides, Google Docs
Discussão	Engajar os alunos em discussões sobre determinados conceitos, conhecimentos e conteúdos	Google Classroom, Google Meet
Pesquisa e exploração	Problematizar e engajar os alunos na busca por informações e evidências	Britannica, Science A to Z, Raz Kids
Trabalho colaborativo	Realizar agrupamentos virtuais para trabalhos compartilhados	Google Classroom, Google Docs, Google Sheets, Google Slides.
Prática e revisão	Conectar alunos em atividades de prática e revisão	Kahoot, Matific, Mathletics, RazKids, Scholastics

(continua)

(Quadro 6.1 – conclusão)

Prática didática	Objetivo	Ferramenta
Avaliação	Avaliar as evidências de aprendizagem e determinar as necessidades de cada aluno	Google Docs and Google Forms, Matific, Mathletics, Brain Pop Jr.
Reflexão e metacognição	Perguntar aos alunos sobre suas aprendizagens, seus questionamentos e necessidades para avançar	Google Forms

FONTE: Tucker, citado por Clemesha; Machado, 2020, p. 343.

seispontotrês
Educação bilíngue de adultos

Mesmo que a Base Nacional Comum Curricular (BNCC) preconize que o aluno conclua o ensino médio com habilidades em língua estrangeira (LE), dificilmente isso ocorre em nosso país (Brasil, 2018), cenário que reforça crenças como: no Brasil, não se aprende inglês na escola regular e, para aprender uma LE, o melhor é procurar um centro de idiomas. Nesse contexto, seja por necessidades profissionais, seja por motivações internas, é recorrente adultos procurarem o ensino de uma LE em centros de idiomas.

Por mais que haja a crença de que "quanto mais cedo, melhor", adultos podem tirar proveito e obter sucesso na educação bilíngue por meio de situações de aprendizagem de línguas ao longo da vida, pois indivíduos bilíngues desfrutam de vantagens cognitivas e sociais sobre os monolíngues (García, 2009).

Para Ortega (2013), adultos aprendem mais rápido e são capazes de usar habilidades e estratégias cognitivas e metacognitivas para aprender muitos aspectos de uma LE.

Crianças, ao aprenderem uma LE, reagem de forma espontânea e são motivadas pela curiosidade, sem compromisso com os resultados. De acordo com Confortin (2013), a aprendizagem para crianças não tem objetivos imediatos, é interpretada como uma brincadeira, algo prazeroso que a criança deseja repetir. Já os adultos têm na motivação o principal fator para a aprendizagem. E a motivação divide-se em três tipos: (1) **extrínseca**, que visa inserir o aprendiz na cultura da língua-alvo; (2) **intrínseca**, que se refere ao desejo pessoal de cada aprendiz; e (3) **instrumental**, que deriva de um objetivo funcional, como trabalho, estudo etc.

Segundo Confortin (2013), ao atribuir à língua forte valor instrumental, procurando aprendê-la por necessidade ou obrigação, adultos tendem a ter a motivação comprometida, já que buscam resultados rápidos e têm pouco tempo para se dedicar ao estudo. Nesses casos, a exigência nasce do cotidiano, e esses alunos "necessitam compreender e fazer-se compreender no mundo do trabalho, nos negócios, no exercício da profissão em caso de Curso de Formação para professores de língua estrangeira" (Confortin, 2013, p. 11).

No entanto, existem alguns princípios relacionados à forma de aprendizagem do aluno adulto que merecem destaque. Tais princípios foram formulados por Knowles (citado por Confortin, 2013, p. 8-9) e são assim descritos:

> a. *Necessidade de saber: os adultos querem saber por que precisam aprender algo e identificar qual o ganho que terão nesse processo de aprendizagem; devem ter clara a necessidade da aprender para aumentar o próprio conhecimento.*
> b. *Autoconceito do aprendiz: adultos vivem uma dimensão autônoma, por isso são responsáveis por suas decisões e por sua vida: portanto, querem ser vistos e tratados pelos outros como capazes de se autodirigir.*
> c. *Papel das experiências anteriores: para o adulto suas experiências são a base de seu aprendizado. Novos conhecimentos devem complementar aprendizagens já adquiridas, por isso são mais eficazes as técnicas de aprendizagem que aproveitam essa amplitude de diferenças individuais.*
> d. *Prontidão para aprender: o adulto sabe o que quer aprender e dispõe-se a aprender quando a ocasião exige algum tipo de aprendizagem relacionado a situações reais de seu cotidiano.*
> e. *Orientação para aprendizagem: o adulto aprende melhor quando os conceitos apresentados estão contextualizados para alguma aplicação imediata em seu trabalho ou realidade cotidiana e quando aquilo que aprende pode ajudá-lo a resolver problemas, isto é, tiver utilidade prática e imediata.*

f. Motivação: adultos são mais motivados a aprender por valores intrínsecos, pessoais, tais como autoestima, qualidade de vida, satisfação pessoal, desenvolvimento.

Independentemente da idade, além da instrução formal, é muito importante que o aluno tenha exposição e interação na língua-alvo. Portanto, tão importante quanto o número de horas, semestres, módulos dedicados ao estudo formal da LE, é como o aluno interage com a língua no período entre uma aula e outra.

Atualmente, muitas instituições de ensino superior (IES) brasileiras contam com cursos e disciplinas em suas grades curriculares totalmente ministrados em língua inglesa. Esse cenário, é o que chamamos de *internacionalização do ensino superior*, tema do qual trataremos nas duas próximas seções.

seispontoquatro
Internacionalização e EMI

Não seria interessante se um estudante brasileiro pudesse realizar parte de seus estudos e pesquisas em uma instituição alemã sem precisar esperar ter conhecimento suficiente nessa língua para ser capaz de acompanhar as aulas? Não seria mais fácil frequentar um curso ministrado em inglês, uma língua mais acessível em termos de exposição e "fácil" do que a alemã?

Para atrair mais alunos de diversas partes do mundo – e assim aumentar sua competitividade no cenário educacional internacional –, muitas IES europeias adotaram a língua inglesa como meio de instrução – o que é chamado de *English Medium of Instruction* (EMI). Aulas ministradas em EMI vêm se tornando um fenômeno global e isso se deve à influência da língua inglesa na comunicação. Soma-se a isso o fato de ela ser a língua privilegiada em pesquisas e publicações, pois, como apontado por Rajagopalan (2009, p. 101, tradução nossa), "se uma instituição quer ser internacional, precisa ensinar e publicar em inglês".

Dessa forma, muitas IES europeias abriram suas portas a um número maior de estudantes oriundos de vários países do mundo, criando um ambiente multilíngue e multicultural. Atualmente, é possível frequentar cursos de graduação e, principalmente, de pós-graduação ministrados em inglês em países como Holanda, Alemanha, Suécia, Dinamarca, Portugal, entre outros. Essa iniciativa também tem como objetivo aumentar a mobilidade internacional dos estudantes (Wächter; Maiworm, 2014).

Seguindo essa tendência, algumas IES brasileiras, principalmente das regiões Sul e Sudeste, também começaram a ofertar disciplinas e cursos inteiros ministrados em língua inglesa, igualmente para atrair estudantes de outros países e oferecer uma experiência de intercâmbio. Para Knight (citado por Baumvol; Sarmento, 2016, p. 69):

> *A internacionalização em casa mostra-se como uma alternativa inclusiva para internacionalizar o ensino superior, envolvendo a dimensão intercultural e internacional nos processos de ensino e aprendizagem, currículos e programas, pesquisas,*

atividades extracurriculares, relações com as culturas locais e grupo étnicos e a integração de alunos e docentes estrangeiros na vida acadêmica local.

No Brasil, essa forma de bilinguismo destinada aos estudantes universitários é algo recente, tornando-se mais popular a partir de 2014, quando os esforços para implementação do EMI se intensificaram, assim como a oferta de disciplinas em cursos de graduação ministrados em inglês (Martinez, 2016).

Algumas áreas do conhecimento foram pioneiras na implementação de EMI e contam com mais programas em seus cursos, como ciências exatas, ciências da terra e da saúde. Contudo, cursos de humanas, línguas, estudos literários e artes, seguidos pelas áreas de agricultura e ciências biológicas também empreenderam esforços desse tipo. Trata-se de áreas que, não coincidentemente, são as mais "engajadas" internacionalmente, com maior número de parceiros, intercâmbios e publicações internacionais (Ramos, 2018).

Outra característica do EMI no Brasil aponta para as diferenças entre as instituições públicas e privadas. As instituições privadas têm mais autonomia na obtenção de investimento para programas de EMI, assim como a formação adequada de seus professores. Esse cenário se desenha em razão do maior controle de orçamentos e da não dependência de verba federal, o que possibilita que essas instituições enfrentem menos burocracia orçamentaria do que instituições públicas (Martinez, 2016).

No entanto, o uso do EMI ainda levanta muitas polêmicas, como a de que professores e alunos apresentam identidade, atitudes e crenças distintas de naturezas linguística (nível de proficiência no idioma), cultural (por que aprender em uma língua que não a minha, no meu país), estruturais (como seria a organização do programa em EMI) e institucionais (apoio financiamento aos programas, formação dos professores etc.).

Não obstante, vale ressaltar que os benefícios da internacionalização e do EMI são muitos. Para Wächter e Maiworm (2014), alguns exemplos são:

- melhoria do domínio da língua inglesa;
- maior interação entre alunos e professores;
- mais oportunidades de mobilidade;
- melhor preparação para o mercado de trabalho internacional e intercultural;
- maior empregabilidade;
- melhores possibilidades de *networking*;
- aumento da visibilidade e das perspectivas da instituição.

Ministrar aulas em EMI, porém, é um grande desafio para professores universitários que não são falantes nativos de língua inglesa. Nesse sentido, algumas medidas pedagógicas devem ser tomadas, como adaptar a língua/linguagem utilizada nas aulas de acordo com o nível dos alunos, preparar materiais adicionais para suas aulas e oferecer explicações extras sobre o conteúdo ministrado (Henriksen; Holmen; Kling, 2018).

seispontocinco
EMI em contextos multiculturais

Com a facilidade de transpor fronteiras e a possibilidade de participar de cursos ministrados em EMI em diversos países, incluindo o Brasil, o intercâmbio entre alunos e professores estrangeiros que buscam aperfeiçoamento em suas áreas e experiências culturais ricas não é mais um sonho distante. Atualmente, algumas universidades brasileiras já recebem alunos de diversos países, que, além de frequentar cursos ministrados em português, também têm a opção de frequentar disciplinas ministradas em língua inglesa.

Contudo, essa diversidade multicultural em sala de aula não se restringe ao ensino superior; nos ensinos infantil, fundamental e médio, isso também ocorre, principalmente devido ao fluxo migratório no país desde 2010 – segundo o Relatório Anual do Observatório das Migrações Internacionais (citado por Ministério da Justiça e Segurança Pública, 2019), até 2018, registrou-se a entrada de 700 mil imigrantes no país. Com isso, reconheceu-se a necessidade de receber as crianças imigrantes nas escolas, e a maioria desses alunos, oriundos de mais de 120 países diferentes, são matriculados em escolas públicas. Ainda segundo o relatório, apenas no estado de São Paulo, em 2018, havia 9.192 estudantes imigrantes (Ministério da Justiça e Segurança Pública, 2019).

Aqueles imigrantes que contam com melhores condições financeiras matriculam seus filhos em escolas bilíngues particulares. Nesses casos, não é raro que, em uma sala de aula, haja alunos de diferentes países, com diferentes origens culturais e falantes de várias línguas maternas. Uma mesma sala de aula que abriga filhos de empresários estrangeiros, funcionários de multinacionais e órgãos públicos estrangeiros, entre outros também pode receber imigrantes refugiados, com histórias e motivos variados para imigração. Assim, muitas culturas diferentes convivem no mesmo ambiente escolar.

> ## Preste atenção!
>
> Em ambientes multiculturais, é necessário que diferentes línguas e culturas dialoguem e convivam, tanto dentro quanto fora de sala de aula. Segundo Melo-Pfeiffer (2019), esse ambiente multicultural plurilíngue deve ser encarado como mais uma ferramenta de educação internacional, pois essa visão da diversidade cultural dos alunos pode contribuir para a criação de um repertório linguístico multilíngue.

Segundo Santos (2000), *cultura* se refere a tudo o que caracteriza a existência social de um povo ou nação, assim como suas realidades sociais distintas, sendo a língua uma das manifestações da cultura de um povo. Diante disso, um dos propósitos da educação bilíngue é o desenvolvimento da sensibilidade intercultural; mais interessante que formar sujeitos bi, multi ou plurilíngues, é formar pessoas multiculturais.

Mesmo no ensino regular monolíngue, há a preocupação de sensibilizar os alunos para a pluralidade cultural. Em vários momentos, a BNCC cita a importância de trabalhar a cultura de origem dos alunos, a diversidade cultural brasileira, a interculturalidade, o mundo sociocultural, a cultura como manifestação artística etc. (Brasil, 2018). Aliás, consta como competência geral da BNCC (Brasil, 2018, p. 7) "Valorizar e fruir as diversas manifestações artísticas e culturais, das locais às mundiais" e como competência específica de língua inglesa "identificar o lugar de si e o do outro em um mundo plurilíngue e multicultural, refletindo, criticamente, sobre como a aprendizagem da língua inglesa contribui para a inserção dos sujeitos no mundo globalizado, inclusive no que concerne ao mundo do trabalho" (Brasil, 2018, p. 242). O documento ainda afirma que o componente curricular Arte contribui "para a interação crítica dos alunos com a complexidade do mundo, além de favorecer o respeito às diferenças e o diálogo intercultural, pluriétnico e plurilíngue, importantes para o exercício da cidadania. A Arte propicia a troca entre culturas e favorece o reconhecimento de semelhanças e diferenças entre elas" (Brasil, 2018, p. 189).

Aulas ministradas em língua inglesa, independentemente do nível escolar, são um exemplo da importância atribuída ao desenvolvimento de estratégias de ensino que promovam o aprendizado de outros idiomas e, consequentemente, o desenvolvimento multilíngue dos alunos. A língua inglesa, por ser global, tende a ser a primeira LE a ser aprendida, desempenhando papel fundamental no desenvolvimento da competência plurilíngue dos alunos (Melo-Pfeiffer, 2019).

O multilinguismo em ambientes escolares multiculturais envolve negociação de significado, por meio de comunicação não verbal, incorporação de novos comportamentos linguísticos, construção e reconstrução de identidades e emoções (Melo-Pfeiffer, 2019).

Para Candau (2008), questões multiculturais podem ser descritivas ou propositivas. Na **abordagem descritiva**, a multiculturalidade descreve as condições culturais de cada contexto, como nas cidades. Já na **abordagem propositiva**, multiculturalidade não é apenas "um dado da realidade, mas [...] uma maneira de atuar, de intervir, de transformar a dinâmica social" (Candau, 2008, p. 20).

A abordagem propositiva se subdivide em três: (1) multiculturalismo assimilacionista; (2) multiculturalismo diferencialista (ou plural); e (3) multiculturalismo interativo, também conhecido como *interculturalidade*.

Aqui, destacaremos a **interculturalidade**, que, conforme Candau (2008), segue algumas características, a saber:

- rompe com uma visão essencialista das culturas e as concebe em constante processo de elaboração, construção e reconstrução;
- entende as relações sociais como construídas na história e, por conseguinte, permeadas por questões relativas ao poder, sendo hierarquizadas e marcadas pela discriminação e por deslegitimar certos grupos;
- reconhece os processos intensos e mobilizadores de hibridização cultural;
- não se desvincula das questões de desigualdade tão presentes tanto no aspecto mundial quanto local. Além de considerar essa relação complexa, admite os diferentes contextos de cada realidade, sem reducionismos.

Canagarajah (2007) afirma que a diversidade linguística e os repertórios multilíngues dos alunos devem ser incluídos nas práticas de ensino, assim como suas identidades dinâmicas, híbridas e instáveis. Professores e educadores devem considerar os repertórios diversos de seus alunos e integrá-los em sala de aula, criando laços afetivos que podem ser usados como ferramentas cognitivas.

Síntese

Neste capítulo, finalizamos nossa discussão sobre ensino bilíngue, voltando o olhar para o futuro e os próximos passos dessa modalidade no Brasil. A grande promessa para esse futuro são as DCNs para a oferta de educação plurilíngue.

Em seguida, explicitamos como os recentes acontecimentos globais revolucionaram a educação, introduzindo as aulas *on-line* para o público dos ensinos infantil, fundamental e médio. Ainda, comentamos como as aulas do ensino bilíngue podem ser conduzidas de forma remota ou semipresencial por meio de algumas das ferramentas. Por fim, detalhamos como o público adulto também pode se beneficiar do ensino bilíngue, e como as universidades brasileiras estão se adaptando e aderindo à internacionalização e às aulas em EMI, sem ignorar a importância da multiculturalidade.

Atividades de autoavaliação

1. De acordo com as DCNs para a educação plurilíngue, é correto afirmar que:
I. muitas escolas devem se adaptar para não perder o título de escola bilíngue.
II. as regulamentações servem para orientar apenas a comunidade escolar.
III. as escolas têm de cumprir os prazos para adaptação de seus PPPs.

Agora, assinale a alternativa que apresenta todas as proposições corretas:
a. II.
b. I e II.
c. II e III.
d. I.
e. I e III.

2. Sobre ensino bilíngue *on-line*, marque V para as afirmativas verdadeiras e F para as falsas:
(   ) O ensino *on-line* ainda é visto com reservas, em razão da relevância da sala de aula em nossa cultura educacional.
(   ) Aulas remotas para os ensinos infantil, fundamental e médio já eram comuns antes da pandemia de coronavírus.
(   ) A motivação e a atenção dos alunos são as mesmas tanto nas aulas presenciais quanto no ambiente virtual.

( ) Na nova realidade das aulas virtuais, os professores precisaram se adaptar, criar novas soluções e propostas.
( ) Aulas remotas podem ser realizadas por meio de atividades síncronas e assíncronas.

Agora, assinale a alternativa que corresponde à sequência correta de preenchimento dos parênteses, de cima para baixo:

a. V, F, F, V, V.
b. F, F, F, V, V.
c. V, F, V, V, F.
d. V, V, F, V, V.
e. V, F, F, V, F.

3. Quanto às motivações para a aprendizagem de uma LE, é incorreto afirmar que:

a. muitos aprendizes adultos têm a "motivação comprometida", ou seja, atribuem à língua um forte valor instrumental ao procurar aprendê-la por necessidade ou obrigação.
b. o aprendiz adulto não tem os mesmos benefícios cognitivos de um aprendiz que começou a estudar a LE quando criança.
c. adultos aprendem mais rápido do que crianças e usam suas habilidades e estratégias cognitivas e metacognitivas para aprender muitos aspectos de LE.
d. adultos aprendem melhor quando há aplicação imediata em seu trabalho ou realidade cotidiana.
e. ao contrário dos adultos, crianças, ao aprenderem uma LE, reagem de forma espontânea e são motivadas pela curiosidade, sem compromisso com os resultados.

4. Tendo em vista o conteúdo estudado, assinale a alternativa que apresenta o que é EMI:
a. Internacionalização das IES.
b. Instituições de ensino superior.
c. Inglês como meio de instrução.
d. Internacionalização em casa.
e. Aulas conduzidas em inglês apenas nos cursos das ciências exatas, da terra e da saúde.

5. Sobre os benefícios do EMI, analise as sentenças a seguir:
I. Melhora do domínio da LE.
II. Mais oportunidades de mobilidade acadêmica.
III. Melhor preparação para o mercado de trabalho internacional e intercultural.
IV. Maior empregabilidade.
V. Aumento da visibilidade e de perspectivas da instituição.

Agora, assinale a alternativa que apresenta todas as proposições corretas:
a. I, III e V.
b. II, III e IV.
c. I, II, IV e V.
d. III, IV e V.
e. I, II, III, IV e V.

Atividades de aprendizagem

Questões para reflexão

1. No que diz respeito ao EMI, qual é sua opinião sobre a possibilidade de frequentar disciplinas ministradas em inglês no ensino superior? Quais são as vantagens e as desvantagens disso?

2. Como o convívio de alunos de diferentes culturas na sala de aula pode ser utilizado de modo positivo no contexto educacional?

Atividade aplicada: prática

1. Selecione um tema e elabore o plano de uma atividade utilizando uma ou mais ferramentas expostas no Quadro 6.1.

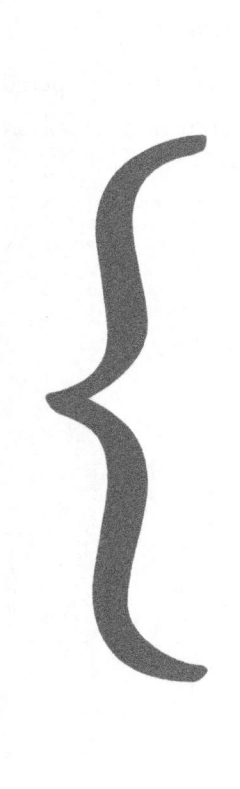

{

considerações finais

❰ DURANTE A ESCRITA deste livro, preocupamo-nos em apresentar as pesquisas e os estudos mais recentes sobre bilinguismo e educação bilingue. Há muitas informações sobre o tema, motivo pelo qual percebemos a necessidade de selecioná-las muito bem, de modo que não houvesse desencontro de informações, principalmente no que diz respeito ao contexto brasileiro.

Muitos países já apresentam uma realidade bilíngue e contam com estrutura, escolas e cidadãos preparados para ela. Contudo, no Brasil, salvo raras exceções, essa realidade é distante, e o bilinguismo ainda é algo bastante elitizado.

Nesse sentido, a professores, diretores e coordenadores que pretendem se dedicar a essa modalidade de ensino, são demandadas leitura, pesquisa e formação complementar, uma vez que a área carece de profissionais com formação adequada, mesmo havendo diretrizes governamentais que regulamentam a oferta desse serviço em escolas.

Em várias instituições de ensino superior (IES) do país, no entanto, já existem opções que visam preencher essa lacuna com cursos presenciais ou a distância. Contudo, espera-se que disciplinas que visem à formação do professor bilíngue sejam contempladas desde a graduação.

Aos pais e/ou responsáveis que almejam oferecer o bilinguismo para suas crianças e adolescentes, cumpre pesquisar as instituições, o currículo, o corpo discente, tendo em mente que tudo tem seu tempo, que crianças aprendem mais rápido, mas milagres não acontecem. O bilinguismo infantil é possível com o trabalho conjunto de escola e família; e conhecer o perfil do aluno e suas limitações é essencial. Tendo essa consciência, o sucesso é possível.

lista de siglas

Abebi – Associação Brasileira do Ensino Bilíngue
ASL – aquisição de segunda língua
BNCC – Base Nacional Comum Curricular
BNC-Formação – Base Nacional Comum para a Formação Inicial de Professores da Educação Básica
CBI – Content-Based Instruction
CEFR – Common European Framework of Reference for Languages (Quadro Comum Europeu de Referência para Línguas)
CLIL – Content and Language Integrated Learning (Aprendizado Integrado de Conteúdo e Língua)
CNE – Concelho Nacional de Educação
CEB – Câmara de Educação Básica
COE – Council of Europe (Conselho Europeu)
DCN – Diretrizes Curriculares Nacionais
EBE – educação bilíngue de elite

ELF – English as a lingua franca (grupo de falantes de inglês como língua franca)
EMI – English Medium of Instruction
GU – gramática universal
IB – International Baccalaureate
IES – instituições de ensino superior
L1 – primeira língua
L2 – segunda língua
L3 – terceira língua
LA – linguística aplicada
LE – língua estrangeira
Libras – língua brasileira de sinais
LM – língua materna
MEC – Ministério da Educação
OMS – Organização Mundial de Saúde
Opol – one parent, one language
PPP – projeto político-pedagógico
QI – quociente de inteligência

referências

ALMEIDA FILHO, J. C. P. de. **Dimensões comunicativas no ensino de línguas.** 5. ed. Campinas: Pontes, 2007.

ALTARRIBA, J.; BASNIGHT-BROWN, D. Code-switching and Code-mixing in Bilinguals: Cognitive, Developmental, and Empirical Approaches. In: ARDILA, A.; RAMOS, E. (Ed.). **Speech and Language Disorders in Bilinguals.** New York: Nova Publishers, 2007. p. 69-89.

ALTOÉ, L. Escolas bilíngues na Rede Pública Municipal. **MultiRio**, 18 jul. 2018. Disponível em: <http://www.multirio.rj.gov.br/index.php/leia/reportagens-artigos/reportagens/14064-escolas-bil%C3%ADngues-na-rede-pública-municipal-de-ensino>. Acesso em: 20 mar. 2023.

ARAÚJO, J.; LEFFA, V. J. (Org.). **Redes sociais e ensino de línguas: o que temos de aprender?** São Paulo: Parábola, 2016.

BAKER, C. **Foundations of Bilingual Education and Bilingualism.** New York: Multilingual Matters, 2001.

BANEGAS, D. L. CLIL Teacher Development: Challenges and Experiences. Latin America Journal of Content & Language Integrated Learning, v. 5, n. 1, p. 46-56, 2012. Disponível em: <https://laclil.unisabana.edu.co/index.php/LACLIL/article/view/laclil.2012.5.1.4/2790>. Acesso em: 20 mar. 2023.

BAUMVOL, L. K.; SARMENTO, S. A internacionalização em casa e o uso de inglês como meio de instrução. In: BECK, M. S. et al. (Org.). Echoes: Further Reflections on Language and Literature. Florianópolis: EdUFSC, 2016. p. 65-82. Disponível em: <https://ppgi.posgrad.ufsc.br/files/2017/02/Echoes_Further-Reflections-on-Language-and-Literature.pdf>. Acesso em: 20 mar. 2028.

BIALYSTOK, E. Bilingualism in Development: Language, Literacy, & Cognition. Cambridge: Cambridge University Press, 2001.

BIALYSTOK, E.; CRAIK, F. I. M.; FREEDMAN, M. Bilingualism as Protection Against the Onset of Symptoms of Dementia. Neuropsychologia, v. 45, n. 2, p. 459-464, 2007.

BLOOMFIELD, L. Language. New York: Holt, 1933.

BRASIL. Decreto n. 5.626, de 22 de dezembro de 2005. Diário Oficial da União, Poder Executivo, Brasília, DF, 23 dez. 2005. Disponível em: <http://www.planalto.gov.br/ccivil_03/_ato2004-2006/2005/decreto/d5626.htm>. Acesso em: 17 mar. 2023.

BRASIL. Lei n. 10.436, de 24 de abril de 2002. Diário Oficial da União, Poder Legislativo, Brasília, DF, 25 abr. 2002. Disponível em: <https://www.planalto.gov.br/ccivil_03/leis/2002/l10436.htm>. Acesso em: 17 mar. 2023.

BRASIL. Ministério da Educação. Base Nacional Comum Curricular: educação é a base. Brasília: MEC, 2018. Disponível em: <http://portal.mec.gov.br/index.php?option=com_docman&view=download&alias=79601-anexo-texto-bncc-reexportado-pdf-2&category_slug=dezembro-2017-pdf&Itemid=30192 >. Acesso em: 20 mar. 2023.

BRASIL. Ministério da Educação. Conselho Nacional de Educação. Parecer n. 22, de 2019. Relator: Mozart Neves Ramos. **Diário Oficial da União**, Brasília, DF, 20 dez. 2019. Disponível em: <http://portal.mec.gov.br/index.php?option=com_docman&view=download&alias=133091-pcp022-19-3&category_slug=dezembro-2019-pdf&Itemid=30192>. Acesso em: 19 mar. 2023.

BRASIL. Ministério da Educação. Conselho Nacional de Educação. Câmara de Educação Básica. Parecer n. 2, de 2020. Relator: Ivan Cláudio Pereira Siqueira. Disponível em: <http://portal.mec.gov.br/index.php?option=com_docman&view=download&alias=156861-pceb002-20&category_slug=setembro-2020-pdf&Itemid=30192>. Acesso em: 17 mar. 2023

BRITISH COUNCIL BRASIL. **Quadro Comum Europeu de Referência para Línguas (CEFR)**. Disponível em: <https://www.britishcouncil.org.br/quadro-comum-europeu-de-referencia-para-linguas-cefr>. Acesso em: 19 mar. 2023.

BRITISH COUNCIL. **Demandas de aprendizagem de inglês no Brasil**. São Paulo, 2014. Disponível em: <https://www.britishcouncil.org.br/sites/default/files/demandas_de_aprendizagempesquisacompleta.pdf>. Acesso em: 14 mar. 2023.

BROWN, H. D. **Teaching by Principles**: An Interactive Approach to Language Pedagogy. 2. ed. New York: Longman, 2001.

CANAGARAJAH, A. S. Negotiating the Local in English as a Lingua Franca. **Annual Review of Applied Linguistics**, v. 26, p. 197-218, 2006.

CANAGARAJAH, A. S. Lingua Franca English, Multilingual Communities, and Language Acquisition. **The Modern Language Journal**, v. 91, n. s1, p. 923-939, Dec. 2007.

CANDAU, V. M. Multiculturalismo e educação: desafios para a prática pedagógica. In: MOREIRA, A. F.; CANDAU, V. M. (Org.). **Multiculturalismo: diferenças culturais e práticas pedagógicas.** Petrópolis: Vozes, 2008. p. 13-37.

CANTUARIA, A. L. Das escolas de imigrantes aos colégios internacionais: a constituição do espaço das escolas internacionais em São Paulo – 1878-1978. **Pro-Posições,** Campinas, v. 15, n. 2, p. 39-60, 2016. Disponível em: <https://periodicos.sbu.unicamp.br/ojs/index.php/proposic/article/view/8643808/11299>. Acesso em: 20 mar. 2023.

CARROLL, J. Cognitive Abilities in Foreign Language Aptitude: Then and Now. In: PARRY, T.; STANSFIELD, C. (Ed.). **Language Aptitude Reconsidered.** Englewood Cliffs, NJ: Prentice Hall, 1991. p. 11-27.

CAVALCANTI, M. C. Estudos sobre educação bilíngue e escolarização em contextos de minorias linguísticas no Brasil. **DELTA: Documentação e Estudos em Linguística Teórica e Aplicada,** v. 15, n. esp., p. 385-417, 1999. Disponível em: <https://revistas.pucsp.br/index.php/delta/article/view/40393/27113>. Acesso em: 13 mar. 2023.

CENOZ, J. Content-based Instruction and Content and Language Integrated Learning: The Same or Different? **Language, Culture and Curriculum,** v. 28, n. 1, p. 8-24, 2015. Disponível em: <https://doi.org/10.1080/07908318.2014.1000922>. Acesso em: 20 mar. 2023.

CENOZ, J.; GENESEE, F.; GORTER, D. Critical Analysis of CLIL: Taking Stock and Looking Forward. **Applied Linguistics,** v. 35, n. 3, p. 243-262, July 2014. Disponível em: <https://doi.org/10.1093/applin/amt011>. Acesso em: 20 mar. 2023.

CLEMESHA, S.; MACHADO, J. L. Transformação digital e colaboração: diálogos possíveis na educação básica bilíngue e internacional. In: LIBERALI, F. et al. (Org.). **Educação em tempos de pandemia:** brincando com um mundo possível. Campinas: Pontes, 2020. p. 335-347.

CONFORTIN, H. O aprendizado de língua estrangeira por adultos: reflexões necessárias. **Perspectiva**, Erechim, v. 37, n. 140, p. 7-18, dez. 2013. Disponível em: <https://www.uricer.edu.br/site/pdfs/perspectiva/140_368.pdf>. Acesso em: 20 mar. 2023.

COE – COUNCIL OF EUROPE. **Common European Framework of Reference for Languages:** Learning, Teaching, Assessment. Strasbourg: COE, 2001. Disponível em: <https://rm.coe.int/16802fc1bf>. Acesso em: 14 mar. 2023.

COE – COUNCIL OF EUROPE. **From Linguistic Diversity to Plurilingual Education:** Guide for the Development of Language Education Policies in Europe. Strasbourg: COE, 2007. Disponível em: <https://rm.coe.int/16806a892c>. Acesso em: 14 mar. 2023.

COE – COUNCIL OF EUROPE. **Who we are**. Disponível em: <https://www.coe.int/en/web/about-us/who-we-are>. Acesso em: 14 mar. 2023.

CORDER, S. P. The Significance of Learner's Errors. IRAL, v. 5, n. 4, p. 161-169, Nov. 1967. Disponível em: <https://edisciplinas.usp.br/pluginfile.php/5732715/mod_resource/content/1/Corder%201968%20%281%29%20errors.pdf>. Acesso em: 16 mar. 2023.

ELLIS, R. Understanding Second Language Acquisition. Oxford: Oxford University Press, 2015.

EQUIPE SEB. Entenda os principais desafios da educação bilíngue. **Novos Alunos**, 6 maio 2020. Disponível em: <https://novosalunos.com.br/entenda-os-principais-desafios-da-educacao-bilingue/>. Acesso em: 20 mar. 2023.

FIERRO-COBAS, V.; CHAN, E. Language Development in Bilingual Children: A Primer for Pediatricians. **Contemporary Pediatrics**, July 1st, 2001. Disponível em: <https://www.contemporarypediatrics.com/view/language-development-bilingual-children-primer-pediatricians>. Acesso em: 15 mar. 2023.

FINGER, I. Psicolinguística do bilinguismo. In: REBELLO, L. S.; FLORES, V. do N. (Org.). **Caminhos das letras:** uma experiência de integração. Porto Alegre: Ed. da UFRGS, 2015. p. 47-61. Disponível em: <https://www.lume.ufrgs.br/bitstream/handle/10183/148367/001000460.pdf?sequence=1>. Acesso em: 15 mar. 2023.

GARCÍA, O. **Bilingual Education in the 21st Century:** A Global Perspective. Oxford: Wiley-Blackwell, 2009.

GARCÍA, O.; JOHNSON, S. I.; SELTZER, K. **The Translanguaging Classroom:** Leveraging Student Bilingualism for Learning. Philadelphia: Caslon, 2017.

GARCÍA, O.; KLEIFGEN, J. A. Translanguaging and Literacies. **Reading Research Quarterly**, v. 55, n. 4, p. 553-571, Nov. 2019.

GARCÍA, O.; LI, W. **Translanguaging:** Language, Bilingualism and Education. Basingstoke: Palgrave Macmillan, 2014.

GARDNER, R. C. Social Psychological Aspects of Second Language Acquisition. In: GILES, H.; CLAIR, R. N. S. (Ed.). **Language and Social Psychology.** Oxford: B. Blackwell, 1979. p. 193-220.

GENESEE, F. Early Bilingual Language Development: One Language or Two? In: LI, W. (Ed.). **The Bilingualism Reader.** London: Routledge, 2000. p. 327-342.

GROSJEAN, F. **Bilingual:** Life and Reality. Cambridge: Harvard University Press, 2010.

GROSJEAN, F.; BYERS-HEINLEIN, K. Bilingual Adults and Children: A Short Introduction. In: GROSJEAN, F.; BYERS-HEINLEIN, K. (Ed.). **The Listening Bilingual: Speech Perception, Comprehension, and Bilingualism**. Hoboken: John Wiley & Sons, 2018. p. 4-24.

GROSJEAN, F.; LI, P. **The Psycholinguistics of Bilingualism**. Oxford: Wiley-Blackwell, 2013.

GUIRGIS, S.; OLSON, K. When does Bilingualism Help or Hurt? The Effects of Bilingualism on Children's Cognition. **Psycology Today**, 27 Apr. 2014. Disponível em: <https://www.psychologytoday.com/us/blog/developing-minds/201404/when-does-bilingualism-help-or-hurt>. Acesso em: 14 mar. 2023.

HARGET, G. **Assessment in ESL and Bilingual Education**: A Hot Topics Paper. Portland: Northwest Regional Educational Laboratory, 1998.

HENRIKSEN, B.; HOLMEN, A.; KLING, J. **English Medium Instruction in Multilingual and Multicultural Universities Academics' Voices from the Northern European Context**. London: Routledge, 2018.

HERNANDEZ, A. **The Bilingual Brain**. Oxford: Oxford University Press, 2016.

HYMES, D. On Communicative Competence. In: PRIDE, J. B.; HOLMES, J. (Ed.). **Sociolinguistics**: Selected Readings. London: Penguin, 1972. p. 269-293.

IB – International Baccalaureate. Disponível em: <https://www.ibo.org/programmes/find-an-ib-school/?SearchFields.Country=BR>. Acesso em: 18 mar. 2023.

JANSON, T. **A história das línguas**: uma introdução. Tradução de Marcos Bagno. São Paulo: Parábola, 2015.

JAUMONT, F. The Future of Education is in Two Languages. **Language Magazine**, 16 May 2018. Disponível em: <https://www.languagemagazine.com/2018/05/16/the-future-of-education-is-in-two-languages/>. Acesso em: 20 mar. 2022.

JENKINS, J. Current Perspectives on Teaching World Englishes and English as a Lingua Franca. **TESOL Quarterly**, v. 40, n. 1 p. 157-181, Mar. 2006.

KENNEDY, T. J. Language Learning and Its Impact on the Brain: Connecting Language Learning with the Mind Through Content-Based Instruction. **Foreign Language Annals**, v. 39, n. 3, p. 471-486, 2006. Disponível em: <https://www.researchgate.net/publication/227716260_Language_Learning_and_Its_Impact_on_the_Brain_Connecting_Language_Learning_with_the_Mind_Through_Content-Based_Instruction>. Acesso em: 14 mar. 2023.

KIPPER, E. Aquisição de segunda língua em contextos de bilinguismo societal. **Letrônica**, v. 5, n. 3, p. 88-102, jul./dez. 2012. Disponível em: <https://revistaseletronicas.pucrs.br/ojs/index.php/letronica/article/view/12162/8834>. Acesso em: 13 mar. 2023.

KRASHEN, S. **Second Language Acquisition and Second Language Learning**. Oxford: Pergamon, 1981.

KUMARAVADIVELU, B. **Beyond Methods**: Macrostrategies for Language Teaching. New Haven: Yale University Press, 2003.

KUMARAVADIVELU, B. Toward a Postmethod Pedagogy. **Tesol Quarterly**, v. 35, n. 4, p. 537-560, 2001. Disponível em: <https://www.jstor.org/stable/3588427?origin=crossref>. Acesso em: 3 fev. 2023.

LARSEN-FREEMAN, D. **An Introduction to Second Language Acquisition Research**. Edimburgh: Person, 1991.

LARSEN-FREEMAN, D.; ANDERSON, M. Techniques and Principles in Language Teaching. Oxford: Oxford University Press, 2011.

LIBERALI, F. A BNCC e a elaboração de currículos para educação bilíngue. In: MEGALE, A. (Org.). **Educação bilíngue no Brasil**. São Paulo: Fundação Santillana, 2019. p. 29-42. Disponível em: <https://www.moderna.com.br/lumis/portal/file/fileDownload.jsp?fileId=8A808A826CB8F3CD016CD3592E112FCD>. Acesso em: 17 mar. 2023.

LIBERALI, F. Construir o inédito viável em meio à crise do coronavírus – lições que aprendemos, vivemos e propomos. In: LIBERALI et al. (Org.). **Educação em tempos de pandemia: brincando com um mundo possível**. Campinas: Pontes, 2020. p. 13-22.

LIGHTBOWN, P. M.; SPADA, N. **How Languages Are Learned**. 4. ed. Oxford: Oxford University Press, 2013.

LIGHTBOWN, P.; SPADA, N. Second Language Acquisition. In: SCHMITT, N.; RODGERS, M. (Ed.). **An Introduction to Applied Linguistics**. London: Routledge, 2020. p. 111-127.

LI, W. (Ed.). The Bilingualism Reader. London: Routledge, 2000.

LI, W. Translanguaging as a Practical Theory of Language. **Applied Linguistics**, v. 39, n. 1, p. 9-30, Feb. 2018. Disponível em: <https://academic.oup.com/applij/article/39/1/9/4566103>. Acesso em: 13 mar. 2023.

MARCELINO, M. Bilinguismo no Brasil: significado e expectativas. Intercâmbio, São Paulo, v. 19, p. 1-22, 2009. Disponível em: <https://revistas.pucsp.br/index.php/intercambio/article/view/3487/2295>. Acesso em: 3 fev. 2023.

MARCELINO, M. Educação bilíngue e dúvidas comuns das famílias. In: MEGALE, A. (Org.). **Desafios e práticas na educação bilíngue**. São Paulo: Fundação Santillana, 2020. p. 47-62. Disponível em: <https://www.santillana.com.br/conteudos/desafios-e-praticas-da-educacao-bilingue>. Acesso em: 15 mar. 2023.

MARTINEZ, R. English as a Medium of Instruction (EMI) in Brazilian higher Education: Challenges and Opportunities. In: FINARDI, K. R. (Org.). **English in Brazil: Views Policies and Programs**. Londrina: Eduel, 2016. p. 191-228.

MAZZINI, L. Cresce número de escolas bilíngues no Brasil. IstoÉ, 27 jun. 2022. Disponível em: <https://istoe.com.br/cresce-numero-de-escolas-bilingue-no-brasil/>. Acesso em: 17 mar. 2023.

MEGALE, A. Bilinguismo e educação bilíngue: discutindo conceitos. **Revista Virtual de Estudos da Linguagem – ReVEL**, v. 3, n. 5, p. 1-13, ago. 2005. Disponível em: <http://www.revel.inf.br/files/artigos/revel_5_bilinguismo_e_educacao_bilingue.pdf>. Acesso em: 17 mar. 2023.

MEGALE, A. Bilinguismo e educação bilíngue. In: MEGALE, A. (Org.). **Educação bilíngue no Brasil**. São Paulo: Fundação Santillana, 2019. p. 13-28. Disponível em: <https://www.moderna.com.br/lumis/portal/file/fileDownload.jsp?fileId=8A808A826CB8F3CD016CD3592E112FCD>. Acesso em: 17 mar. 2023.

MEGALE, A. Educação bilíngue de línguas de prestígio no Brasil: uma análise dos documentos oficiais. **The Especialist**, v. 39, n. 2, p. 1-17, 2018. Disponível em: <https://revistas.pucsp.br/index.php/esp/article/view/38653/27431>. Acesso em: 20 mar. 2023.

MEGALE, A. **Memórias e histórias de professores brasileiros em escolas bi/multilíngues de elite**. 235 f. Tese (Doutorado em Linguística Aplicada) – Instituto de Estudos da Linguagem, Universidade Estadual de Campinas, Campinas, 2017. Disponível em: <https://repositorio.unicamp.br/acervo/detalhe/987898>. Acesso em: 17 mar. 2023.

MEGALE, A. Saberes necessários para a docência em escolas bilíngues no Brasil. MEGALE, A. (Org.). **Desafios e práticas na educação bilíngue**. São Paulo: Fundação Santillana, 2020. p. 13-26. Disponível em: <https://www.santillana.com.br/conteudos/desafios-e-praticas-da-educacao-bilingue>. Acesso em: 15 mar. 2023.

MEGALE, A.; LIBERALI, F. Caminhos da educação bilíngue no Brasil: perspectivas da linguística aplicada. **Raído**, Dourados, v. 10, n. 23, p. 9-24, jul./dez. 2016. Disponível em: <https://ojs.ufgd.edu.br/index.php/Raido/article/view/6021/3170>. Acesso em: 19 mar. 2023.

MEHISTO, P.; MARSH, D.; FRIGOLS, M. J. **Uncovering CLIL**: Content and Language Integrated Learning in Bilingual and Multilingual Education. Oxford: Macmillan, 2008.

MELO-PFEIFFER, S. Business as Usual? (Re)conceptualizations and the Multilingual Turn in Education. The Case of Mother Tongue. In: VETTER, E.; JESSNER, U. (Ed.). **International Research on Multilingualism**: Breaking with the Monolingual Perspective. Dordrecht: Springer, 2019. (Multilingual Education, v. 35). p. 27-41.

MINISTÉRIO DA JUSTIÇA E SEGURANÇA PÚBLICA. **Brasil registra mais de 700 mil imigrantes entre 2010 e 2018**. Brasília, 22 ago. 2019. Disponível em: <https://www.justica.gov.br/news/collective-nitf-content-1566502830.29>. Acesso em: 20 mar. 2023.

MORAN, J. Metodologias ativas para uma aprendizagem mais profunda. In: BACICH, L.; MORAN, J. (Org.). **Metodologias ativas para uma educação inovadora**: uma abordagem téorico-prática. Porto Alegre: Penso, 2018. p. 34-76. (Série Desafios da educação). *E-book*. Disponível em: <https://curitiba.ifpr.edu.br/wp-content/uploads/2020/08/Metodologias-Ativas-para-uma-Educacao-Inovadora-Bacich-e-Moran.pdf>. Acesso em: 23 fev. 2022.

MORAN, J. M. Contribuições para uma pedagogia da educação online. In: SILVA, M. **Educação online:** teorias, práticas, legislação e formação corporativa. 2. ed. São Paulo: Loyola, 2006. p. 41-52.

MOURA, S. Educação bilíngue e currículo: de uma coleção de conteúdos a uma integração de conhecimentos. In: ROCHA, C. H.; TONELLI, J. R. A.; SILVA, K. A. da S. **Língua estrangeira para crianças:** ensino-aprendizagem e formação docente. Campinas: Pontes, 2010. p. 269-296. (Coleção INPLA, v. 7.).

MUÑOZ, C.; SINGLETON, D. A Critical Review of Age-Related Research on L2 Ultimate Attainment. Language Teaching, v. 44, n. 1, p. 1-35, Jan. 2011.

MYERS-SCOTTON, C. **Multiple Voices:** An Introduction to Bilingualism. Malden: Blackwell, 2006.

ORTEGA, L. **Understanding Second Language Acquisition.** New York: Routledge, 2013.

PAIVA, V. L. M. de O. e. **Como se aprende uma língua estrangeira?** Disponível em: <https://www.veramenezes.com/como.htm>. Acesso em: 16 mar. 2023.

PAIVA, V. L. M. O. **Aquisição de segunda língua.** São Paulo: Parábola, 2014.

PINTER, A. **Children Learning Second Languages.** London: Palgrave Macmillan, 2011.

PRABHU, N. S. Ideação e ideologia na pedagogia das línguas. Tradução de Rita C. T. Cardoso e Maristela M. K. Claus. **Trabalhos em Linguística Aplicada**, Campinas, v. 38, p. 59-67, jul./dez. 2001. Disponível em: <https://periodicos.sbu.unicamp.br/ojs/index.php/tla/article/view/8639334>. Acesso em: 3 fev. 2023

RAJAGOPALAN, K. The Identity of "World English". In: GONÇALVES, G. R. et al. (Org.). **New Challenges in Language and Literature**. Belo Horizonte: Faculdade de Letras da UFMG, 2009. p. 97-107.

RAMOS, M. Y. Internacionalização da pós-graduação no Brasil: lógica e mecanismos. **Educação e Pesquisa**, São Paulo, v. 44, p. 1-22, 2018. Disponível em: <https://www.scielo.br/j/ep/a/Zx4JYVjsbD9zcC9MsWGY6vL/?format=pdf&lang=pt>. Acesso em: 20 mar. 2023.

REDE pública estadual do Amazonas contará com primeira escola bilíngue em Língua Francesa. **Amazonas Notícias**, 24 jan. 2017. Disponível em: <https://amazonasnoticias.com.br/rede-publica-estadual-do-amazonas-contara-com-primeira-escola-bilingue-em-lingua-francesa/>. Acesso em: 20 mar. 2023.

RICHARDS, J. C. The Secret Life of Methods. **TESOL Quarterly**, v. 18, n. 1, p. 7-23, Mar. 1984.

RICHARDS, J. C.; RODGERS, T. **Approaches and Methods in Language Teaching**. Cambridge: Cambridge University Press, 1999.

SANTOS, J. L. **O que é cultura**. 16. ed. São Paulo: Brasiliense, 2000.

SAUSSURE, F. de. **Curso de linguística geral**. Tradução de Antônio Chelini, José Paulo Paes e Izidoro Blikstein. São Paulo: Cultrix, 2012.

SCHENINI, F. Aulas de alemão preservam tradições em cidade catarinense. **Ministério da Educação**, 3 jul. 2015. Disponível em: <http://portal.mec.gov.br/ultimas-noticias/211-218175739/21447-aulas-de-alemao-preservam-tradicoes-em-cidade-catarinense>. Acesso em: 20 mar. 2023.

SCHMITT, N.; RODGERS, M. P. H. **An Introduction to Applied Linguistics**. 3. ed. London: Routledge, 2020.

SCOVEL, T. **Learning New Languages**: A Guide to Second Language Acquisition. Boston: Heinle ELT, 2001.

SILVA, E. R. G. da. et al. Processamento cognitivo da informação para tomada de decisão. **Perspectivas em Gestão & Conhecimento**, João Pessoa, v. 1, n. 1, p. 25-39, jan./jun. 2011. Disponível em: <https://periodicos.ufpb.br/ojs2/index.php/pgc/article/view/9081/5617>. Acesso em: 20 mar. 2023.

SILVA, M. G. Ensino remoto de emergência na educação infantil bilíngue. In: LIBERALI, F. et al. (Org.). **Educação em tempos de pandemia:** brincando com um mundo possível. Campinas: Pontes, 2020. p. 245-252.

SKUTNABB-KANGAS, T. Multilingualism and the Education of Minority Children. In: GARCÍA, O.; BAKER, C. (Ed.). **Policy and Practice in Bilingual Education:** Extending the Foundations. Clevedon: Multilingual Matters, 1995. (Serie Bilingual Education and Bilingualism, 2). p. 40-62.

SOUSA, C. T. de; CAMARGO, P. G. Desafios da docência bilíngue no ensino regular privado no Brasil. **Revista Científica Multidisciplinar Núcleo do Conhecimento**, ano 5, v. 4, n. 9, p. 163-181, set. 2020. Disponível em: <https://www.nucleodoconhecimento.com.br/educacao/docencia-bilingue>. Acesso em: 20 mar. 2023.

SOUZA, R. C. de. Metodologias para a educação bilíngue no Brasil. In: MEGALE, A. (Org.). **Educação bilíngue no Brasil**. São Paulo: Fundação Santillana, 2019. p. 43-56. Disponível em: <https://www.moderna.com.br/lumis/portal/file/fileDownload.jsp?fileId=8A808A826CB8F3CD016CD3592E112FCD>. Acesso em: 17 mar. 2023.

SOUZA, R. C de. Metodologias ativas na educação bilíngue. In: MEGALE, A. (Org.). **Desafios e práticas na educação bilíngue**. São Paulo: Fundação Santillana, 2020. p. 63-76. Disponível em: <https://www.santillana.com.br/conteudos/desafios-e-praticas-da-educacao-bilingue>. Acesso em: 15 mar. 2023.

SPINASSÉ, K. P. Os conceitos língua materna, segunda língua e língua estrangeira e os falantes de línguas alóctones minoritárias no Sul do Brasil. **Contingentia**, v. 1, n. 1, p. 1-10, nov. 2006. Disponível em: <https://seer.ufrgs.br/index.php/contingentia/article/view/3837/2144>. Acesso em: 14 mar. 2023.

STORTO, L. **Línguas indígenas**: tradição, universais e diversidade. Campinas: Mercado de Letras, 2019.

VANPATTEN, B.; CADIERNO, T. Explicit Instruction and Input Processing. **Studies in Second Language Acquisition**, v. 15, n. 2, p. 225-243, June 1993. Disponível em: <https://www.jstor.org/stable/44487619>. Acesso em: 15 mar. 2023.

WÄCHTER, B.; MAIWORM, F. (Ed.). **English-Taught Programmes in European higher Education**: The State of Play in 2014. Bonn: Lemmens Medien GmbH, 2014. Disponível em: <https://www.lemmens.de/dateien/medien/buecher-ebooks/aca/2014_english_taught.pdf>. Acesso em: 20 mar. 2023.

WEN, Z.; BIEDRON, A.; SKEHAN, P. Foreign Language Aptitude Theory: Yesterday, Today and Tomorrow. **Language Teaching**, v. 50, n. 1, p. 1-31, 2017. Disponível em: <https://www.cambridge.org/core/journals/language-teaching/article/foreign-language-aptitude-theory-yesterday-today-and-tomorrow/E3D97F0293117DF5EDC307E694ABFBB5>. Acesso em: 15 mar. 2023.

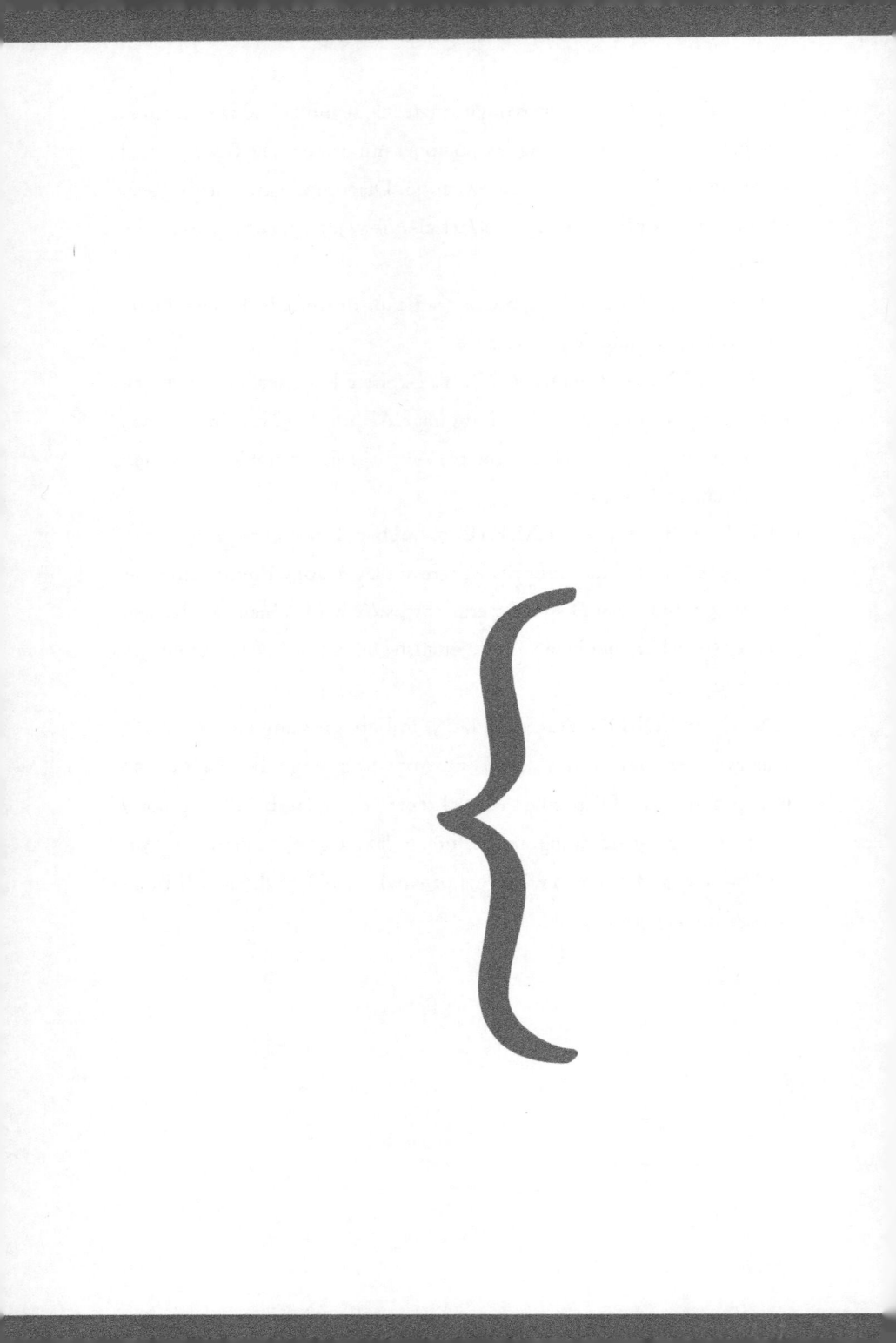

{

bibliografia comentada

BAKER, C. **Foundations of Bilingual Education and Bilingualism.** New York: Multilingual Matters, 2001.

Considerada uma das obras fundamentais do bilinguismo e da educação bilíngue, aborda, em 20 capítulos, ampla gama de assuntos importantes para construir conhecimento basilar consistente sobre esses temas.

BIALYSTOK, E. **Bilingualism in Development:** Language, Literacy, & Cognition. Cambridge: Cambridge University Press, 2001.

Elen Bialystok, da Universidade de York, é uma das mais prolíferas pesquisadoras das áreas de psicolinguística e neurolinguística. Suas obras são fundamentais para entender como funciona a cognição e a mente do falante bilíngue. Nessa obra, ela descreve a pesquisa realizada sobre o desenvolvimento intelectual de crianças bilíngues, mostrando como ele se difere do de crianças monolíngues.

GARCÍA, O.; LI, W. **Translanguaging:** Language, Bilingualism and Education. Basingstoke: Palgrave Macmillan, 2014.

Os autores empreendem uma profunda discussão sobre translinguagem, buscando responder questões como "O que é translinguagem?" e "O que uma abordagem translinguística significa para a linguagem e o bilinguismo?". O livro é dividido em duas partes: na primeira, García e Li explicam como os entendimentos tradicionais de linguagem e bilinguismo são transformados por uma ótica translinguística; e, na segunda, exploram como a translinguagem altera os entendimentos tradicionais da educação.

GROSJEAN, F. **Bilingual: Life and Reality.** Cambridge: Harvard University Press, 2010.

Nesse material, são abordados vários temas relacionados ao bilinguismo, como os mitos sobre ele e seus falantes. Além disso, esclarece-se a diferença entre code switching *e empréstimo e se comenta sobre as mudanças nas habilidades linguísticas ao longo da vida, uma vez que o repertório linguístico de um falante bilíngue sofre alterações constantes.*

LARSEN-FREEMAN, D.; ANDERSON, M. **Techniques and Principles in Language Teaching.** 3. ed. Oxford: Oxford University Press, 2016.

Trata-se de obra tradicional no estudo de metodologia de ensino de língua estrangeira. Nela, os autores descrevem diferentes métodos e abordagens no ensino de idiomas, fornecendo orientação prática passo a passo para novos professores e apresentando aos mais experientes novas abordagens e ideias. Nessa terceira edição apresenta um novo capítulo sobre o uso da tecnologia digital.

MEGALE, A. (Org.). **Educação bilíngue no Brasil**. São Paulo: Fundação Santillana, 2019. Disponível em: <https://www.moderna.com.br/lumis/portal/file/fileDownload.jsp?fileId=8A808A826CB8F3CD016CD3592E112FCD>. Acesso em: 14 mar. 2023.

MEGALE, A. (Org.). **Desafios e práticas na educação bilíngue**. São Paulo: Fundação Santillana, 2020. Disponível em: <https://www.santillana.com.br/conteudos/desafios-e-praticas-da-educacao-bilingue>. Acesso em: 14 mar. 2023.

Os livros reúnem diversos artigos de pesquisadores brasileiros, apresentando o que há de mais atual nas pesquisas sobre bilinguismo e educação bilíngue no Brasil.

MYERS-SCOTTON, C. **Multiple Voices**: An Introduction to Bilingualism. Malden: Blackwell, 2006.

O livro, utilizado em várias universidades como livro-texto nas disciplinas sobre bilinguismo, aborda temas variados de bilinguismo e educação bilíngue, além de aspectos gramaticais e cognitivos particulares do bilinguismo.

ORTEGA, L. **Understanding Second Language Acquisition**. New York: Routledge, 2013.

Obra fundamental para a compreensão dos processos que envolvem a aquisição de segunda língua, buscando compreendê-la por meio de pesquisas e discussões sobre o futuro. Ideal como livro-texto para estudantes de linguística aplicada e ensino de línguas estrangeiras, também é recomendado para estudantes de linguística, psicolinguística do desenvolvimento, psicologia e ciências cognitivas.

PAIVA, V. L. O. **Aquisição de segunda língua.** São Paulo: Parábola, 2014.

O livro trata das principais teorias e modelos de aquisição de segunda língua no contexto brasileiro, dando voz aos aprendizes, que revelam suas histórias de aprendizagem.

RICHARDS, J. C.; ROGERS, T. **Approaches and Methods in Language Teaching.** Cambridge: Cambridge University Press, 1999.

Nesse livro, os autores apresentam um relato detalhado das principais tendências no ensino de línguas, descrevendo abordagens e métodos de acordo com suas teorias subjacentes de linguagem e aprendizagem de línguas. Também versam sobre os objetivos de aprendizagem, o modelo de currículo utilizado, os papéis de professores, alunos e materiais, além dos procedimentos e técnicas de sala de aula que o método usa. Trata-se de obra fundamental para os estudantes da área.

respostas

um

Atividades de autoavaliação

1. d
2. c
3. a
4. b
5. b

dois

Atividades de autoavaliação

1. e
2. c
3. b
4. a
5. a

três

Atividades de autoavaliação

1. c
2. d
3. e
4. a
5. c

quatro

Atividades de autoavaliação

1. b
2. c
3. a
4. e
5. d

cinco

Atividades de autoavaliação

1. a
2. c
3. b
4. b
5. e

seis

Atividades de autoavaliação

1. e
2. a
3. b
4. c
5. e

sobre a autora

FÁBIA CARLA ROSSONI é doutoranda e mestre em Linguística Aplicada pela Universidade Federal do Paraná (UFPR) e graduada em Comunicação Social e em Letras – Inglês pela Pontifícia Universidade Católica do Paraná (PUCPR) e pela Estácio, respectivamente. Apaixonada por línguas estrangeiras, iniciou seus estudos de língua inglesa ainda na infância, tornando-se bilíngue muito cedo. Na idade adulta, passou a se dedicar profissionalmente ao ensino dessa língua, além de conhecer outras, como alemão e italiano, as quais hoje também domina.

Tem grande experiência como professora de inglês, tendo atuado com crianças, adolescentes e adultos e como formadora de professores. É autora de materiais didáticos de língua inglesa para adultos e para o ensino fundamental I e II.

Os papéis utilizados neste livro, certificados por instituições ambientais competentes, são recicláveis, provenientes de fontes renováveis e, portanto, um meio responsável e natural de informação e conhecimento.

FSC
www.fsc.org
MISTO
Papel | Apoiando o manejo florestal responsável
FSC® C103535

Impressão: Reproset
Junho/2023